CB127110

A VIOLÊNCIA DOMÉSTICA COMO CAUSA DE INDIGNIDADE SUCESSÓRIA

A VIOLÊNCIA DOMÉSTICA COMO CAUSA DE INDIGNIDADE SUCESSÓRIA

2023

Joana de Sousa Varejão

ALMEDINA

A VIOLÊNCIA DOMÉSTICA
COMO CAUSA DE INDIGNIDADE SUCESSÓRIA

AUTORA
Joana de Sousa Varejão

EDITOR
EDIÇÕES ALMEDINA, S.A.
Avenida Emídio Navarro, 81, 3D
3000-151 Coimbra
Tel.: 239 851 904 · Fax: 239 851 901
www.almedina.net · editora@almedina.net

DESIGN DE CAPA
EDIÇÕES ALMEDINA, S.A.

PRÉ-IMPRESSÃO
EDIÇÕES ALMEDINA, S.A.

IMPRESSÃO E ACABAMENTO

Junho, 2023

ISBN
978-989-40-1303-7

DEPÓSITO LEGAL

Os dados e as opiniões inseridos na presente publicação são da exclusiva responsabilidade do(s) seu(s) autor(es).
Toda a reprodução desta obra, por fotocópia ou outro qualquer processo, sem prévia autorização escrita do Editor, é ilícita e passível de procedimento judicial contra o infrator.

ALMEDINA | GRUPOALMEDINA

RESUMO

O presente trabalho versa sobre a iminente necessidade de integrar o crime de violência doméstica no diminuto leque de causas de indignidade sucessória vigorantes no ordenamento jurídico português.

Partindo de uma análise histórico-material e jurídico-social entre o reduzido conjunto de causas de indignidade sucessória e a reordenação de prioridades ético-sociais que se refletem, claro está, ético-juridicamente, tanto ao nível da gravidade como ao nível da finalidade imposta a uma determinada conduta, é proposto um aditamento ao conjunto de causas de indignidade sucessória, por forma a integrar o crime de violência doméstica.

O referido aditamento, deve-se, no essencial, ao facto do regime da indignidade sucessória qualificar-se pelo seu carácter taxativo, evidente tanto ao analisar-se a história do instituto, como quando comparado com a figura da deserdação.

Neste seguimento, é examinado o crime de violência doméstica, o grau de gravidade jurídico e social que lhe é atribuído, a sua finalidade, do ponto de vista penal e constitucional e a sua possível integração no conjunto de causas de indignidade sucessória, tendo em consideração os critérios civis, penais e constitucionais exigidos. Ademais, é analisada a destrinça entre sanções civis e penais e penas acessórias e efeitos das penas/sentenças, por forma a averiguar a constitucionalidade da norma constante no artigo 69.º-A CP e o seu respetivo alargamento.

Por fim, é dissecado, ainda que em breves considerações, a possibilidade de integração de outros crimes no regime da indignidade sucessória.

Palavras-Chave

Indignidade sucessória, violência doméstica e pena acessória.

ABSTRACT

The present work deals with the imminent need to integrate the crime of domestic violence in the small range of causes of debarment from succession in force in the portuguese legal system.

Starting from a historical-material and legal-social analysis between the reduced set of causes of debarment from succession and the reordering of ethical-social priorities that are reflected, of course, ethically and legally, both in terms of gravity and in terms of the imposed purpose to a certain conduct, an addition to the set of causes of inheritance is proposed, in order to integrate the crime of domestic violence.

The aforementioned addition is due, in essence, to the fact that the regime of debarment from succession qualifies for its definitive character, evident both when analyzing the history of the institute, and when compared to the figure of disinheritance.

Following this, the crime of domestic violence is examined, the degree of legal and social gravity attributed to it, its purpose, from the penal and constitutional point of view and its possible integration in the set of causes of debarment from succession, taking into account the required civil, criminal and constitutional criteria. In addition, the distinction between civil and criminal sanctions and accessory penalties and the effects of penalties/sentences is analyzed, in order to ascertain the constitutionality of the rule contained in Article 69.º-A CP and its respective extension.

Finally, the possibility of integrating other crimes into the regime of succession indignity is dissected, albeit in brief considerations.

Keywords

Debarment from succession, domestic violence and accessory penalty.

PREFÁCIO

É justo que quem comete um crime de violência doméstica possa herdar da vítima agredida?

Os bons costumes, a moral, a ética e o direito hoje vigentes na sociedade aceitam e toleram tal transferência do acervo patrimonial por via sucessória?

E o agressor herda da sua vítima?

E o direito dá guarida aos herdeiros-agressores?

Quid juris?

Estas e muitas outras questões são abordadas e criteriosamente analisadas, refutadas ou defendidas pela Autora desta tese que a todos convoca a reflectir pela pertinência da matéria.

A violência doméstica é um flagício que merece o mais vivo repúdio por parte da sociedade, que deixou de pactuar com o velho adágio de "entre o marido e a mulher não metas a colher".

Tem sido trilhada uma evolução histórico-social muito mais lenta do que o desejável, mas consistente no sentido da erradicação deste mal fortemente enraizado nas mentalidades e vivências sociais.

E o direito tem acompanhado esta evolução ou não fosse o ordenamento jurídico o reflexo do pulsar da sociedade.

Prova viva desta evolução é esta tese que tenho o gosto de prefaciar.

A Senhora Dra. Joana de Sousa Varejão, uma jovem e muito promissora jurista, conduz-nos ao longo da sua dissertação de mestrado a percorrer os caminhos que a levam a concluir pela necessidade urgente da alteração legislativa de normas constantes dos códigos civil e penal, de molde a que a violência doméstica consubstancie causa de indignidade sucessória.

Ao longo da tese traça a evolução histórica do instituto da indignidade sucessória, analisa a sua natureza jurídica, enuncia as várias teses em confronto, questiona-as e toma posição, que fundamenta e defende com convicção.

Analisa igualmente o fenómeno da violência doméstica alegando que, pela sua gravidade, pela consciência social que lhe está subjacente e pela vontade presumida do autor da herança, não poderá deixar de integrar o elenco taxativo do artigo 2034.º do código civil.

A Autora considera que o *De Cujus* não quereria que os seus bens fossem herdados pelo herdeiro-agressor e que, por isso, há a necessidade de protecção da vontade presumida do autor da sucessão.

Ciente dessa presumida vontade, a lei 82/2014, de 30 de dezembro, alterou o código penal e o código civil, criando uma pena acessória de declaração de indignidade sucessória para o autor ou cúmplice do crime de homicídio doloso, ainda que não consumado, contra o autor da sucessão, o seu cônjuge, ascendente ou descendente, adoptante ou adoptado.

Na esteira desta alteração legislativa, a Autora defende que também o crime de violência doméstica reúne os requisitos para passar no crivo do regime da indignidade sucessória, propondo as inerentes alterações legislativas, que concretiza.

Da leitura da dissertação vemos o cuidado na análise das várias problemáticas que a Autora vai introduzindo e que enformam e sustentam a tese da inclusão do crime de violência doméstica como gerador de incapacidade por indignidade sucessória.

Sabendo que as sanções patrimoniais têm um forte efeito dissuasor, a integração da violência doméstica no catálogo exíguo das causas fundantes da incapacidade por indignidade pode constituir uma importante arma de prevenção do crime de violência doméstica, designadamente contra idosos.

E poderá também coadjuvar no combate à violência doméstica na justa medida da reacção criminal perante estes herdeiros-agressores, atentas as fortes repercussões que tem na esfera civil.

Importa ainda referir que, atendendo às relações familiares existentes entre os intervenientes processuais, que são complexas e intensas do ponto de vista afectivo e emocional, há a possibilidade de reabilitação do indigno, prevista no artigo 2038.º do CC e que funciona como válvula de segurança do sistema nas situações em que o autor da sucessão o queira fazer.

MÓNICA QUINTELA
Advogada
Deputada à Assembleia da República

Coimbra, 29 de maio de 2023

ÍNDICE

À minha família.

"A lei é a expressão da vontade do povo e quando essa vontade muda, a lei também deve mudar"

William O. Douglas

LISTA DE ABREVIATURAS

a.C. – antes de Cristo;
Ac. – Acórdão;
al. – alínea;
art.º – artigo;
arts.º – artigos;
BE – Bloco de Esquerda;
CC – Código Civil;
CDS PP – Partido Popular;
cfr. – conforme;
CP – Código Penal;
CRP – Constituição da República Portuguesa;
CSM – Conselho Superior da Magistratura;
CSMP – Conselho Superior do Ministério Público;
Ed. – edição;
MP – Ministério Público;
n.º – número;
OA – Ordem dos Advogados;
p. – página;
pp. – páginas
Proc. – Processo;
PS – Partido Socialista;
PSD – Partido Social Democrata;
Rev. – revista;
séc. – século;
ss. – seguintes;
STJ – Supremo Tribunal de Justiça;

TC	– Tribunal Constitucional;
TRC	– Tribunal da Relação de Coimbra;
TRE	– Tribunal da Relação de Évora;
TRG	– Tribunal da Relação de Guimarães;
TRL	– Tribunal da Relação de Lisboa;
TRP	– Tribunal da Relação do Porto;
Vol.	– volume;

INTRODUÇÃO

O Direito das Sucessões prima, como sabemos, pela sua consistente imobilidade. É, sem sombra de dúvidas, um dos ramos do Direito, se não mesmo o ramo do Direito, mais estagnado no que toca à firmeza de visões que se consubstanciam em regimes muitas vezes regressistas.

Um dos casos flagrantes que exemplifica na perfeição o carácter regressista e imóvel do Direito das Sucessões é o regime da indignidade sucessória pautado no artigo 2034.º CC.

Incólume às mudanças legislativas e sociais inerentes a qualquer regime, é necessário recuar até ao ano de 1867 para tentar entender a intenção e consciência por de trás da escolha daquelas que se eternizariam como causas bastantes para indignar um herdeiro de suceder. Isto porque, à exceção da alínea b) do artigo 2034.º CC, integrada no leque de causas de indignidade sucessória em 1966, as causas de indignidade suficientes para declarar um herdeiro indigno ficaram reféns das razões socialmente consideradas no século XIX.

Desde então, as causas de indignidade sucessória presenciaram momentos históricos como a abolição da escravatura em todos os territórios portugueses em 1869, a Implantação da República Portuguesa em 1910, a consagração d'A Portuguesa como hino nacional em 1911, o 25 de abril, e em todos estes momentos mantiveram-se intocáveis no que ao alargamento das causas possíveis de indignar um herdeiro diz respeito, tendo apenas excecionado essa intangibilidade aquando a inclusão, como atrás mencionámos, da possibilidade de indignar *o condenado por denúncia caluniosa ou falso testemunho contra as mesmas pessoas, relativamente a crime a que corresponda pena de prisão superior a dois anos, qualquer que seja a sua natureza*[1].

Foi portanto com base nesta exclamação que nos debruçámos no tema das causas de indignidade sucessória, uma vez que, não nos parecia, de todo, compreensível a intangibilidade inerente ao regime das indignidades sucessórias, em especial, tendo em consideração a evolução social e legislativa portuguesa dos últimos 50 anos. Aliás, inúmeros foram os aditamentos legislativos no âmbito penal na história mais recente do ordenamento jurídico português, pelo que, não nos fazia sentido a manutenção das causas de indignidade sucessória tidas como relevantes em tempos tão distantes social e legislativamente.

Desta feita, propusemo-nos a analisar o enunciado normativo 2034.º CC, de modo a esclarecermos certas dúvidas a que não só a doutrina como também a própria jurisprudência se têm deparado, designadamente, no que toca à natureza jurídica da figura da indignidade sucessória e, mais importante para o nosso tema, o carácter taxativo ou meramente indicativo do regime da indignidade sucessória.

Para tal, analisámos uma imensidão de teses doutrinais por forma a tomarmos posição quanto à natureza jurídica da indignidade sucessória e, bem assim, no que se refere à taxatividade do referido instituto.

Foi com base na convicção segundo a qual o regime da indignidade sucessória estipulado no artigo 2034.º CC se qualifica pelo seu carácter taxativo e, bem assim, impeditivo de qualquer interpretação analógica que o nosso tema criou corpo. Isto porque, ao ter-se como certo o carácter taxativo do sobredito artigo, tem-se igualmente como certo, a exclusão de todos os outros crimes que não se encontrem no leque de causas de indignidade sucessória. E se assim o é, crimes como a Violência Doméstica (e outros) ficam de fora da esfera de intervenção do instituto, criando, como é expectável, situações flagrantes de incongruências legislativas que se refletem, claro está, na sociedade.

Posto isto e tendo presente a intenção do legislador em impedir a analogia no que às causas de indignidade sucessória diz respeito, pareceu-nos claro que a integração do crime de violência doméstica como causa suficiente para indignar um herdeiro-condenado devia (e deve) ser uma prioridade não só legislativa como acima de tudo social.

[1] *Cfr.* alínea b), do artigo 2034.º Código Civil.

Não havia senão outra interrogativa: como é que se justifica, em pleno século XXI o crime de violência doméstica não constar no leque de causas de indignidades sucessórias? Não é suficientemente grave para qualificar-se como fundamento suficiente para indignar um herdeiro-condenado? Não é suficientemente condenável pela sociedade? Não repugna?

Tendo presente a necessidade de responder às questões sobreditas, começámos por analisar o crime disposto no artigo 152.º CP, tanto na sua vertente histórica como material, por forma a averiguar o contexto, alcance e finalidade do crime acima mencionado.

Terminada a análise contextual e ainda na perspetiva de dar resposta às questões anteriormente especificadas, analisámos a problemática da integração do crime de violência doméstica no leque de causas de indignidades sucessórias tanto do ponto de vista penal como do ponto de vista civil, debatendo todas as consequências subjacentes a uma possível alteração legislativa, dado que, sem a consonância entre sistemas jurídicos, injustificar-se-ia toda e qualquer alteração e/ou aditamento. Ademais, discutimos a natureza jurídico-penal da referida causa, discutindo, essencialmente, se a mesma qualificar-se-ia como uma pena acessória (como é o caso do artigo 69.º-A CP) ou se, pelo contrário, caracterizar-se-ia por uma mera consequência jurídico penal.

Ora, face ao carácter elementar das teorias dos fins das penas, seria impensável conceber uma qualquer alteração ou aditamento ao ordenamento jurídico-penal, sem antes enquadrar essa mesma modificação nas teorias finalistas, razão pela qual, escrutinámos todas as teorias dos fins das penas existentes, tomando posição perante as mesmas e analisando-as com o intuito de confirmar a admissibilidade da possível alteração. Ademais e ainda em resposta à questão de saber se o crime de violência doméstica podia justificar um aditamento ao leque das causas de indignidade sucessória, distinguimos a natureza e alcance jurídico das sanções civis das sanções penais, bem como diferenciámos as penas acessórias dos meros efeitos (civis ou penais).

Feita a referida destrinça binominal, dissecámos a Lei n.º 82/2014, de 30 de dezembro, responsável pela integração da indignidade sucessória como pena acessória nos casos em que o arguido é cumulativamente condenado por homicídio e preenche a alínea a) do artigo 2034.º CC. Neste contexto, abordámos os pareceres emitidos pela Ordem dos

Advogados, pelo Conselho Superior da Magistratura e pelo Conselho Superior do Ministério Público e com base nos referidos pareceres, fomos tomando posição quanto à efetiva necessidade de alargamento das causas de indignidade sucessória.

No ano precedente à escolha da palavra "Violência Doméstica" como palavra do ano, qualquer iniciativa que tenha como objeto a reflexão e a consciência para este que é um dos maiores flagelos na sociedade portuguesa, já vem infelizmente tarde. É, por isso, urgente tomar medidas para que testemunhos como os que de seguida se apresentam, se dissipem:

O meu marido sempre me bateu, desde o namoro. Há um dia em que a gente não aguenta mais e decide mudar de vida, sair, ter liberdade para ser feliz (...). Não me arrependo de ter deixado tudo para trás. Quando temos um problema destes, acho que temos de aceitar a ideia de perder algumas coisas para podermos ser livres. Eu perdi o meu emprego, algumas amizades, o convívio com os familiares, a minha casa e até algumas coisas sem valor, mas que eram recordações da minha mãe e que muito estimava. Tenho ainda muita amargura no coração, mas até a amargura eu hei-de vencer (...)[2].

É eu chegar a casa e chamar-me puta, vaca, cabra, que andava envolvida com muitos homens, que não sabia se o filho seria dele ou não. (...) Outras vezes, era mesmo ao soco e ao pontapé (...). Chegou a um ponto que era diariamente (...). Cheguei a perder trabalhos porque a minha patroa dizia que eu não podia estar naquele trabalho toda marcada como eu cheguei lá. Não podia. (...) Uma pessoa chega ao ponto de ouvir tantas vezes: "És uma cabra, és uma puta, és uma estúpida, és uma ignorante, és... que a gente acaba por interiorizar aquilo. E eu acabei por interiorizar aquilo[3].

Eu casei no domingo e ele no sábado bateu-me. Porque eu me atrasei na cabeleireira. Rebentou-me a boca por dentro. Casei. No dia a seguir, estava pronta para casar. (...) Na certeza que vai mudar, sim. (...) Muitas vezes me tentei suicidar. Os meus braços são a prova disso. Estou cheia de cicatrizes[4].

Foi com a consciência da necessidade de repensar o âmbito aplicacional do instituto da indignidade sucessória alicerçado no aumento de

[2] Testemunho de Gertrudes, vítima de Violência Doméstica, disponível em www.apav.pt.

[3] Testemunho de Mónica, vítima de Violência Doméstica, entrevista disponível em www.sicnoticias.pt.

[4] Testemunho de Sofia, vítima de Violência Doméstica, entrevista disponível em www.sicnoticias.pt.

casos de violência doméstica, que propusemos uma alteração legislativa em sede civil e penal, por forma a aditar, no leque das causas de indignidade sucessória dispostas no artigo 2034.º CC, uma alínea que previsse a possibilidade de indignar um herdeiro condenado ao crime de violência doméstica, quando a vítima do crime tenha uma relação de familiaridade que corresponda aos sujeitos já mencionados no referido enunciado normativo.

Finalmente, e não querendo restringir outros estudos sobre o presente tema, deixámos em aberto a possibilidade de enquadrar no regime das indignidades sucessórias – através de um aditamento, claro está – outros crimes que se revelem suficientemente graves para se justificar tal restrição, abordando, em especial, os crimes de natureza sexual e o crime de exposição ou abandono.

Foi com base num conjunto de dúvidas e com uma enorme vontade de contribuir para a consciencialização da sociedade portuguesa para esta problemática que nos propusemos a debater a efetiva possibilidade do crime de violência doméstica consubstanciar-se como causa bastante para indignar um herdeiro-condenado.

CAPÍTULO I
DECLARAÇÃO DE INDIGNIDADE SUCESSÓRIA PELA PRÁTICA DE CRIMES

1. Contexto histórico

Antes de abordarmos o contexto histórico da declaração de indignidade sucessória pela prática de crimes, consideramos imprescindível aludir e, consequentemente, analisar o instituto da indignidade sucessória *lato sensu*.

A falta de documentos históricos na época, não nos deixam precisar, com total certeza, o "nascimento" da indignidade sucessória. Ainda assim, todos os autores concordam que a *indignitas*[5] terá surgido, pela primeira vez[6], na época Imperial Romana, a qual se desenrolou a partir do ano 27 a.C. Neste período, entre outros tantos feitos históricos que em tanto influenciaram o Direito que atualmente conhecemos, surgiu a figura jurídica da indignidade sucessória, *cuja evolução é marcada pelo paulatino e crescente acolhimento de novos casos considerados indignos pela legislação imperial que permanecem independentes e desligados*[7].

[5] Santos Justo, António, *A Indignidade Sucessória no Direito Romano, Reflexos no Direito Português*, 2016, p. 8.

[6] Para Hermes Leal, *as origens históricas do instituto da indignidade no Direito romano são situadas por alguns autores na Lex Papia Poppaca (séc. I a.C.), onde surgem "os assim chamados casos de indignidade"*, Hermes Leal, Bruno, *A Indignidade Sucessória através dos olhos de Cordélia: Ensaio sobre o caráter taxativo do artigo 1.814 do Código Civil Brasileiro, Revista da AJURIS*, Vol. 40, n.º 130, Brasil, 2013, p. 123.

[7] Santos Justo, António, *A Indignidade Sucessória no Direito Romano, Reflexos no Direito Português*, 2016, p. 8.

O caracter assistemático, desconexo, ametódico e indefinido que qualifica a *indignitas* da Época Imperial, deveu-se, essencialmente, à crescente valoração jurídica do instituto. *E isto porque, como desde* H*ERDER*[8] *se vem reconhecendo, as instituições jurídicas vigentes em determinado momento não são obras do acaso nem, primacialmente, de sábios legisladores que vão prevendo as melhores formas de relacionamento*[9]. Pelo contrário, os instrumentos jurídicos – sejam eles civis, penais, processuais, ou de outro ramo do Direito – resultam de uma composição de várias situações factuais, reais e verídicas que, pela sua constante repetição, se consolidaram nas sociedades como deveres incutidos aos cidadãos e demais constituintes da sociedade[10].

Foi a consciência social e o carácter punitivo que reconduziram à ideia de que o Estado tinha como dever salvaguardar a vontade presumida do autor da herança de excluir o indigno da sucessão, de forma a que o sucessivo, ainda que mantivesse a qualidade de herdeiro, não adquirisse os bens provenientes da herança. Desta forma, o indigno não se tornava incapaz de suceder – uma vez que, o requisito da capacidade sucessória se mantinha –, mas perdia a possibilidade de conservar os bens.

Desta ideia, surgiu o princípio vinculativo *indignus potest capere sed non retinere*, o qual veio a ser considerado na mais importante obra jurídica romana – Corpus Juris Civilis –, criada por *Flavius Petrus Sabbatius Iustinianus e,* na qual compilou toda a legislação existente e operante da época.

A notável compilação legislativa romana incentivou uma alteração substancial na justiça e, consequentemente, na sua aplicação. Contudo,

[8] HERDER, H.P., *Ideas para una filosofía de la história de la humanidad* (trad. J. Rovira Armengol), Losada, Buenos Aires, 1959, p. 259.

[9] CAPELO DE SOUSA, Rabindranath, *Lições de Direito das Sucessões,* Vol. I, Coimbra Editora, Coimbra, 1978, p. 107.

[10] Segundo o Professor António Santos Justo, *a indignidade tem um fundamento preciso: repugna à consciência social que o herdeiro ou legatário receba bens de quem ofendeu gravemente ou mesmo assassinou,* em certos casos e, noutros, *a indignidade destina-se a reforçar uma sanção jurídica, chegando mesmo a transformar um dever não jurídico numa obrigação jurídica.* Contudo, ao caracterizarem-se por deveres meramente morais, o seu incumprimento não resultava em qualquer consequência jurídica, uma vez que, para tal, era necessário a presença da inerente valoração jurídica, que tão bem caracteriza e fundamenta os fins sancionatórios e penais, SANTOS JUSTO, António, *Interpretatio Prudentium, direito romano e tradição romanista em revista,* Vol. II, 2017, I, AAFDL, Lisboa, pp. 219 e ss.

o Corpus Juris Civilis não conseguiu codificar todas as causas de indignidade sucessória.

Ao invés do que aconteceu com a figura da deserdação, que viu as suas causas tipificadas na lei, o instituto da indignidade manteve-se disperso, ametódico e sujeito ao bom-senso dos tribunais, uma vez que eram estes que avaliavam, *caso a caso, se o facto cometido por certo sucessível justifica*[va], *ou não, o seu afastamento da sucessão*[11], tendo apenas como certo, o princípio *indignus potest capere sed non retinere.*

Esta arbitrariedade e a falta de critérios jurídico-materiais, levou a declarar como causas de indignidade sucessória, *causas que nem sequer ofendiam a sua pessoa*[12] [a do *de cujus*], *mas que acabavam*[13] por ser aceites pelos pretores.

Ora, a título de curiosidade, entre outras causas de indignidade sucessória passíveis de serem elencadas, referenciamos a tentativa ou o homicídio consumado do *de cujus* causado com culpa ou dolo[14]; *o não cumprimento da obrigação de vingar o assassinato do de cujus, não demandando o homicida*[15]*; a doação da herança feita pelo herdeiro durante a vida e sem o conhecimento do de cujus*[16]*; a não assistência ao demente e ao cativo por parte do herdeiro*[17]*; a ocultação do testamento por quem pertence à categoria dos herdeiros ab*

[11] Alves Cardiga, Catarina Maria, *A Indignidade e a Deserdação: Uma Perspetiva Séc. XXI,* Mestrado em Direito e Prática Jurídica, Especialidade em Direito Civil, Lisboa, 2018, p. 14.

[12] *A partir de então, a figura da indignidade não tem desenvolvimento linear, tratando-se, antes, de casos singulares, os quais se tornam mais e mais numerosos ao sabor das idiossincrasias caprichosas dos pater familiae,* Hermes Leal, Bruno, *A Indignidade Sucessória através dos olhos de Cordélia: Ensaio sobre o caráter taxativo do artigo 1.814 do Código Civil Brasileiro,* Revista da AJURIS, Vol. 40, n.º 130, Brasil, 2013, p. 123.

[13] Hermes Leal, Bruno, *A Indignidade Sucessória através dos olhos de Cordélia: Ensaio sobre o caráter taxativo do artigo 1.814 do Código Civil Brasileiro,* Revista da AJURIS, Vol. 40, n.º 130, Brasil, 2013, p. 123.

[14] Santos Justo, António, *Interpretatio Prudentium, direito romano e tradição romanista em revista,* Vol. II, 2017, I, AAFDL, Lisboa, pp. 219 e ss.

[15] Santos Justo, António, *Interpretatio Prudentium, direito romano e tradição romanista em revista,* Vol. II, 2017, I, AAFDL, Lisboa, pp. 219 e ss.

[16] Santos Justo, António, *Interpretatio Prudentium, direito romano e tradição romanista em revista,* Vol. II, 2017, I, AAFDL, Lisboa, pp. 219 e ss.

[17] Santos Justo, António, *Interpretatio Prudentium, direito romano e tradição romanista em revista,* Vol. II, 2017, I, AAFDL, Lisboa, pp. 219 e ss.

intestato[18]; *a subtração de coisas da herança*[19]; *o incumprimento, pelo herdeiro, de legados e fideicomissos*[20]; *o impedimento, com dolo ou violência, de o de cujus fazer testamento ou modificar o que tinha feito*[21]; *o dolo ou violência para que seja feito testamento*[22]; *o matrimónio de funcionário da província com mulher sujeita à sua jurisdição*[23], etc., as quais foram agrupadas e, consequentemente, classificadas por vários pensadores.

Esta arbitrariedade (quase total) só se veio a alterar com a entrada em vigor do primeiro Código Civil português, que data o ano de 1867. Neste primeiro Código, vulgarmente conhecido por Código de Seabra[24], foi adotada, ainda que de uma forma pouco segura[25], a dogmática[26] [27]que defendia a coexistência dos dois institutos de exclusão da sucessão (deserdação e indignidade).

Todavia, o Código de Seabra pecava, novamente, pela dispersão das causas de indignidade sucessória, uma vez que estas se encontravam ao *longo do Código de forma esparsa, desconexa e estanque*[28], designadamente,

[18] Santos Justo, António, *Interpretatio Prudentium, direito romano e tradição romanista em revista*, Vol. II, 2017, I, AAFDL, Lisboa, pp. 219 e ss.

[19] Santos Justo, António, *Interpretatio Prudentium, direito romano e tradição romanista em revista*, Vol. II, 2017, I, AAFDL, Lisboa, pp. 219 e ss.

[20] Santos Justo, António, *Interpretatio Prudentium, direito romano e tradição romanista em revista*, Vol. II, 2017, I, AAFDL, Lisboa, pp. 219 e ss.

[21] Santos Justo, António, *Interpretatio Prudentium, direito romano e tradição romanista em revista*, Vol. II, 2017, I, AAFDL, Lisboa, pp. 219 e ss.

[22] Santos Justo, António, *Interpretatio Prudentium, direito romano e tradição romanista em revista*, Vol. II, 2017, I, AAFDL, Lisboa, pp. 219 e ss.

[23] Santos Justo, António, *Interpretatio Prudentium, direito romano e tradição romanista em revista*, Vol. II, 2017, I, AAFDL, Lisboa, pp. 219 e ss.

[24] Em homenagem ao seu autor, Visconde Antonio Luiz de Seabra, Juiz da Relação do Porto.

[25] Isto porque, nos preceitos normativos relativos à exclusão da sucessão por indignidade, o autor da herança era denominado por "testador".

[26] Foi exatamente quando se distinguiram os dois institutos que os ordenamentos jurídicos europeus se dividiram em dois grandes grupos, nomeadamente, entre aqueles que *eliminaram o instituto da deserdação, por o acharem inútil face à indignidade, visto que as finalidades daquela eram totalmente saciadas por esta* – Itália e França – e aqueles que defendiam a coexistência dos dois institutos – Alemanha e Portugal.

[27] Alves Cardiga, Catarina Maria, *A Indignidade e a Deserdação: Uma Perspetiva Séc. XXI*, Mestrado em Direito e Prática Jurídica, Especialidade em Direito Civil, Lisboa, 2018, p. 5.

[28] Minozzo Poletto, C. E., *Indignidade Sucessória e Deserdação*, Editora Saraiva, Brasil, 2017.

nos artigos 1748.º, 1749.º, 1782.º, 1937.º, 1938.º e 1940.º[29]. Ainda assim, o Código Civil de 1867 não estava assim tão longe daquilo que viriam a ser as causas justificativas para a declaração da indignidade sucessória de um herdeiro. Por esse motivo, não podíamos deixar de transcrever aquelas que eram, em 1867, as causas suficientes para declarar um herdeiro indigno.

Dizia-nos o artigo 1748.º Código de Seabra que era *nullo o testamento extorquido por violência, ou captado por dolo, ou fraude.* No mesmo sentido, o artigo 1749.º Código de Seabra mencionava que *quem por dolo, fraude, ou violência, impedir que alguém faça as suas ultimas disposições, será punido nos termos da lei penal; e, sendo herdeiro ab-intestado, ficará, além disso, privado do seu direito á herança, que passará ás pessoas, a quem competiria, se tal herdeiro já não existisse.*

Já o artigo 1782.º Código de Seabra determinava que *os que forem condenados por haverem attentado contra a vida do testador, ou concorrido de qualquer fórma para tal delicto, e os que impedirem por violencias, ou com ameaças, ou graude, que o testador revogue o seu testamento, não poderão aproveitar-se das disposições feitas em seu favor.*

Por outro lado, indicava o artigo 1937.º Código de Seabra que *toda a pessoa, que tiver em seu poder testamento cerrado e, no caso do artigo 66.º, não o apresentar, ou no caso do fallecimento do testador, não o apresentar dentro de tres dias contados desde o conhecimento do mesmo falecimento, será responsavel por perdas e damnos. Se a não apresentação provier de dolo, perderá, além disso, qualquer direito á herança do testador, que porventura tivesse, afóra ficar sujeito à punição, em que nos termos da lei penal tiver incorrido.* No mesmo sentindo referia o artigo 1938.º Código Seabra que às *mesmas perdas e damnos, perda de herança, e imposição de penas, ficará sujeito, quem subtrair dolosamente o testamento do espolio do testador, ou do poder de qualquer pessoa, na mão da qual esteja depositado.*

[29] *Diga-se ainda que, relativamente ao artigo 1780.º, que tratava a falta de cumprimento dos deveres testamentários, não era consensual que este se referisse à Indignidade: enquanto José Tavares incluía este artigo no grupo das causas de indignidade, Cunha Gonçalves entendia expressamente que este não fazia parte daquelas causas, porque o artigo não se referia a factos de ingratidão ou, sequer, a factos relacionados com o testador; referia-se, isso sim, aos casos em que o testamenteiro perdia o direito à renumeração por falta ou por mau cumprimento dos deveres testamentários* – Alves Cardiga, Catarina Maria, *A Indignidade e a Deserdação: Uma Perspetiva Séc. XXI,* Mestrado em Direito e Prática Jurídica, Especialidade em Direito Civil, Lisboa, 2018, p. 15.

Finalmente, o artigo 1940.º Código Seabra preceituava que *se o testamento aparecer aberto e viciado, ou dilacerado, far-se-hão as seguintes dinsticções: se o testamento se achar cancelado e obliterado, ou dilacerado, quer seja no espolio do testador, quer seja em poder de outrem, de modo que se não possa ler a primitiva disposição, haver- se-ha por não escripto; mas, provando-se, que o viciamento fôra operado por qualquer pessoa, que não fosse o testador, será applicado á tal pessoa o que fica disposto no artigo 1937.º, para os que dolosamente occultam ou subtrahem testamento.*

Desta enunciação decorre um conjunto de questões evidentes e imperiosas: é possível, que desde a codificação do instituto da indignidade sucessória, não tenha existido qualquer divergência entre o que era suficientemente grave para repugnar à consciência social no século XIX e o que é (in)tolerável pela sociedade atual? Não existiu, até então, outros crimes que, pela sua gravidade, fossem passíveis de integrar o regime da indignidade sucessória? E os que, entretanto, foram criados e integrados no ordenamento jurídico português? Nenhum é suficientemente grave para justificar a indignidade sucessória do herdeiro? Qual é, efetivamente, o critério para que um crime integre o artigo 2034.º CC? A gravidade? A repugna da consciência social? A gravidade da repugna da consciência social? Ou a repugna da consciência social grave? Ou será que afinal o instituto da indignidade sucessória não evoluiu (desde a época Imperial) e continuamos a utilizar como ferramenta decisiva o arbítrio?

Como é expectável, as respostas às questões sobreditas não são claras.

Relativamente à primeira questão suscitada – será possível, que desde a codificação do instituto da indignidade sucessória, não tenha existido qualquer divergência entre o que era suficientemente grave para repugnar à consciência social no século XIX e o que é (in)tolerável pela sociedade atual? – cumpre esclarecer que a questão não se prende apenas pela análise comparativa entre as causas de indignidade expostas no Código Civil de 1867 e as atuais causas de indignidade. Temos de ir mais longe.

No caso da indignidade sucessória imperialista, os deveres inerentes à sua "qualificação jurídica" baseavam-se em dois fundamentos. Por um lado, a ideia de que a indignidade *repugna à consciência social que o herdeiro ou legatário receba bens de quem ofendeu gravemente* (...)[30]. Por outro, o facto

[30] Santos Justo, António, *Interpretatio Prudentium, direito romano e tradição romanista em revista*, Vol. II, 2017, I, AAFDL, Lisboa, pp. 219 e ss.

da indignidade *reforçar uma sanção jurídica, chegando mesmo a transformar um dever não jurídico numa obrigação jurídica*[31].

Como atrás fizemos referência, foi a consciência social e o carácter punitivo que reconduziram à ideia de que o Estado tinha como dever salvaguardar a vontade presumida do autor da herança de excluir o indigno da sucessão, de forma a que o sucessivo, ainda que mantivesse a qualidade de herdeiro, não adquirisse os bens provenientes da herança. Como podemos prever, esta proteção da vontade presumida somada à arbitrariedade jurisdicional e à falta de critério, levou à criação de um basto número de causas de indignidade sucessória romanistas, que mais tarde deixaram de fazer sentido, não tendo por isso, integrado o leque de causas de indignidade sucessórias do Código de Seabra[32].

Ora, esperaríamos a mesma conclusão da análise comparativa entre o Código Civil de 1867 e o atual regime da indignidade sucessória. Contudo, a "evolução"[33] entre regimes foi, a nosso ver, insuficiente.

Isto porque, à exceção da alínea b) do artigo 2034.º CC (como veremos mais à frente), as causas de indignidade suficientes para declarar um herdeiro indigno atualmente ficaram reféns das razões socialmente consideradas muito graves do século XIX.

Aliás, a própria classificação de indignidades mantém-se inalterada desde então, sendo possível, ainda hoje, agrupar *os casos de indignidade em três figuras*[34]*: 1) as faltas contra a pessoa do defunto*[35]*; 2) as faltas contra a vontade do defunto*[36]*; 3) as faltas contra a lei*[37].

[31] Santos Justo, António, *Interpretatio Prudentium, direito romano e tradição romanista em revista*, Vol. II, 2017, I, AAFDL, Lisboa, pp. 219 e ss.

[32] Os crimes que foram retirados do leque enunciativo do regime da indignidade sucessória tratavam-se de crimes que não se compactuam com o que, atualmente, entendemos como suficientemente grave para que se torne plausível a consequente indignidade de um herdeiro.

[33] Continua-nos a parecer que a evolução verificada no regime das indignidades não corresponde ao que é por várias vezes entendido pelo vocábulo. Por esse motivo, optamos pela utilização das aspas, tendo assim como propósito clarificar que a expressão não deve ser vista nem pelo sentido positivo e crescente, nem pelo sentido negativo e decrescente, mas deve sim pela sua transformação, seja ela, lá está, positiva ou negativa.

[34] *Seguindo a classificação de Bonfante*, Santos Justo, António, *A Indignidade Sucessória no Direito Romano, Reflexos no Direito Português*, 2016, p. 9.

[35] O primeiro grupo de causas de indignidade sucessória, que indignam o herdeiro que cometer *faltas contra a pessoa do defunto*, congregam *a morte do hereditando, o irmão que atenta contra a vida do irmão, o não cumprimento da obrigação judicialmente homicida, a aceitação prematura da herança contra as prescrições do sc. Silanianum, a contestação do status do hereditando, a denúncia de*

Ainda que possa fazer sentido, de um ponto de vista genérico, a divisão das causas de indignidade sucessória em três grupos, não nos parece justificável o facto de, desde 1867 ter sido apenas acrescentada uma causa de indignidade sucessória, a qual aliás, raras[38] vezes foi utilizada para justificar a declaração da indignidade sucessória. O que poderá, portanto, ter levado o legislador a considerá-la suficientemente grave para que a lei não suportasse a transmissão da herança para o beneficente? Aliás, como veremos adiante, a alínea b) do artigo 2034.º CC refere, expressamente, dois tipos penais que, quando havendo sentença condenatória, impossibilitam o herdeiro de suceder. Ora, tanto o direito à honra como ao bom nome não se encontram, portanto, expressamente determinados no sobredito artigo e, por essa razão, para considerar que a intenção do legislador se consubstanciava na proteção da honra do *de cujus*, através da alínea b), não temos outra forma que não interpretar o enunciado normativo extensivamente. Bom, que a honra e o bom nome representem direitos suficientemente importantes para um Estado

o defunto praticar comércio ilícito e *a doação de herança durante a vida do defunto que não tem conhecimento*, Santos Justo, António, *A Indignidade Sucessória no Direito Romano, Reflexos no Direito Português*, 2016, pp. 9-16.

[36] O segundo grupo de causas de indignidade sucessória, compilava as *faltas contra a vontade do defunto*, designadamente, *a acusação de falsidade de testamento ou de inoficiosidade por parte dos herdeiros legítimos, a injusta acusação de parto feito pelo substituto pupilar à mãe do herdeiro instituído, a sucessão do testamento por quem sucede ab intestato, a subtracção de coisas de herança, pelo herdeiro, a escusa de tutela, o incumprimento de legados fideicomissos, o dolo ou violência para impedir que se faça testamento ou altere o que já foi feito* e *a pessoa instituída herdeira como filho, cuja paternidade foi declarada falsa depois da morte do testador*, Santos Justo, António, *A Indignidade Sucessória no Direito Romano, Reflexos no Direito Português*, 2016, pp. 16-23.

[37] O terceiro e último grupo de causas de indignidade sucessória, diz respeito às *faltas contra a lei*, as quais se consubstanciavam no *fideicomisso tácita* e na *conveniência ilegal*, Santos Justo, António, *A Indignidade Sucessória no Direito Romano, Reflexos no Direito Português*, 2016, pp. 23 e 24.

[38] Da pesquisa efetuada no site da Direção Geral de Segurança Interior (DGSI), em especial, no separador Bases Jurídicos-Documentais: IGFEJ disponível: http://www.dgsi.pt/, foi possível verificar que, por um lado, existem apenas duas sentenças que abordam a causa da indignidade sucessória disposta na alínea b) do artigo 2034.º CC (Ac. TRG, 22 de janeiro de 2009, Processo n.º 2016/08-1, Rosa Tching e Ac. TRL, de 23 de setembro de 2010, Processo n.º 1280/09.1TBMTA.L1-8, Caetano Duarte) e, por outro lado, ambas são enquadradas numa vertente analógica, não estando, portanto, em causa um crime de denúncia caluniosa ou falso testemunho, mas sim, um crime de violação e um crime de maus tratos físicos e psicológicos.

Direito Democrático, não duvidamos. Todavia, não nos parece que tenha sido essa a intenção do legislador. Aliás, se fosse, por que razão o legislador teria especificado, concretamente, dois tipos penais, em detrimento de outros? Ou melhor, que razão teria levado o legislador a consagrar dois tipos penais concretos, quando, a sua verdadeira intenção era proteger, justamente, o bom nome e a honra do *de cujus?*

O que nos leva à segunda questão. Qual é, efetivamente, o critério para que um crime integre o artigo 2034.º CC?

Fundamentar-se-á na gravidade do crime praticado contra o autor da herança? Ou basear-se-á na intolerável *consciência social que o herdeiro ou legatário receba bens de quem ofendeu gravemente*[39]? Ou fundar-se-á na necessidade de proteger a presumida vontade do *de cujus?* Ou tenderá a fundamentar-se, cumulativamente, na gravidade, na consciência social e na presumida vontade do autor da herança?

Há muito que se tem discutido qual é na verdade o fundamento fulcral da decisão de indignidade sucessória. A resposta não é unânime na doutrina e na jurisprudência. Contudo, tem-se entendido que o critério subjacente ao regime se baseia na cumulação de três critérios basilares: a gravidade do crime cometido contra o de cujus, a consciência social e a presumida vontade do autor da herança.

2. Natureza jurídica da indignidade sucessória

A par da dificuldade na designação de um critério técnico para determinar as causas de indignidade sucessória, também a natureza jurídica do instituto da indignidade tem criado adversidades[40] que resultam, claro está, em querelas doutrinárias, de e em todos os tempos.

Ainda assim, vários foram os autores que tentaram caracterizar e enquadrar a natureza jurídica do instituto da indignidade sucessória nas formas jurídicas existentes.

De entre as várias formas jurídicas que a *ereptio* foi enquadrada, desde sempre se entendeu que não tinha características de pena porque: *1) não*

[39] Santos Justo, António, *Interpretatio Prudentium, direito romano e tradição romanista em revista*, Vol. II, 2017, I, AAFDL, Lisboa, pp. 219 e ss.

[40] *Os romanistas falam de heterogeneidade, da ausência duma figura orgânica que impossibilita a observação de um fio condutor no seu desenvolvimento que dificulta a reconstrução dogmática unitária*, Santos Justo, António, *A Indignidade Sucessória no Direito Romano, Reflexos no Direito Português*, 2016, p. 35.

é cominada por norma penal nem resulta de sentença penal; 2) tem por finalidade a eliminação de uma vantagem patrimonial não merecida e, portanto, não causa dano ao indigno; 3) não é direito de realização obrigatória, mas facultativa, podendo o indigno evitá-lo, renunciando *ao deixado; 4) só atinge quem materialmente provocou a indignidade; 5) não se extingue com a morte que, pelo contrário, extingue o crime eventualmente cometido*[41].

Tendo como certo a necessidade de sancionar a perversidade das condutas que levam à declaração da indignidade sucessória e a impossibilidade de enquadrar o instituto no âmbito penal (como há pouco referimos), vários foram os autores que caracterizam a figura da indignidade como uma verdadeira punição civil. Para estes, era impensável que o herdeiro indigno, ainda que capaz de suceder, adquirisse e conservasse os bens que *não merece*[42].

Esta foi a versão que reinou durante toda a vigência do regime da indignidade sucessória Romana. Por um lado, a exigência sancionatória civil das condutas indignas (em detrimento da sanção penal) e, por outro, a ideia de que o herdeiro indigno, ainda que detivesse capacidade sucessória, não detinha as valências necessárias para conservar os bens do *de cujus.*

Mais tarde, com a entrada em vigor do Código de Seabra, a discussão foi mais longe. Uma vez consolidados na doutrina e no ordenamento jurídico, a natureza civil do regime e da inerente sanção[43] do regime da indignidade sucessória (em detrimento do enquadramento penal do instituto), restava agora saber se a indignidade consistia *numa verdadeira*

[41] SANTOS JUSTO, António, *A Indignidade Sucessória no Direito Romano, Reflexos no Direito Português*, 2016, p. 35.

[42] SANTOS JUSTO, António, *A Indignidade Sucessória no Direito Romano, Reflexos no Direito Português*, 2016, p. 35.

[43] Como sabemos, as sanções não se circunscrevem, apenas, no âmbito jurídico-penal, havendo, claro está, várias sanções enquadradas noutros contextos jurídicos. É o caso, por exemplo, da indignidade sucessória que se caracteriza como uma sanção civil reparatória-punitiva, visto que, por um lado se *pretende evitar a "recompensa" sucessória do herdeiro indigno (...) tutelado paralelamente os interesses, presumidos ou reais, do de cujus e interesses gerais da sociedade.* Neste sentido FERREIRA LEITE, Inês, *Ne (idem) bis in idem, A Proibição de Dupla Punição e de Duplo Julgamento como Contributo para a Racionalidade do Poder Punitivo Público,* Doutoramento em Direito Especialidade de Ciências Jurídico-Criminais, Universidade de Lisboa, Faculdade de Direito, Lisboa, 2014, pp. 1070 e ss., acrescenta que a indignidade sucessória revele uma finalidade reparatória, *trata-se de uma sanção civil punitiva, e não uma mera incapacidade sucessória.*

incapacidade do herdeiro ou legatário ou se seria tão só um motivo de exclusão que impediria o indigno de receber a parte que lhe dizia respeito na herança[44]. Ou seja, restava (e resta aliás) saber, se a natureza jurídica do instituto da indignidade sucessória se reconduz à incapacidade ou à ilegitimidade.

Vários foram os autores que, desde a entrada em vigor do Código Civil de 1867, se têm preocupado com esta questão.

Cumpre esclarecer que, de um ponto de vista genérico, a figura da incapacidade impede que um determinado indivíduo exerça os direitos que lhe foram conferidos por lei, antes da determinação da incapacidade. Já a *questão da legitimidade assenta na existência ou inexistência de determinada posição relativa entre a pessoa e o direito ou o bem sobre que esse direito incide*[45].

Do lado da tese da incapacidade encontram-se, entre outros, os ilustres Professores Galvão Telles[46], Pires de Lima e Antunes Varela[47], Diogo Leite de Campos[48], Branca Martins da Cruz[49] e, ainda que não de forma expressa, Pamplona Corte-Real[50].

Para os Professores Galvão Telles[51] e Branca Martins da Cruz[52] [53], que aderem à qualificação atribuída pelo legislador do Código Civil de 1966,

[44] Trigo da Romana, Maria Luísa, *O atual regime da indignidade sucessória*, Mestrado em Ciências Jurídico-Forenses, Faculdade de Direito da Universidade de Coimbra, Coimbra, 2016, p. 16.

[45] Diário da República Eletrónico, noção de legitimidade, disponível em https://dre.pt/lexionario.

[46] Galvão Telles, Inocêncio, *Do Direito das Sucessões – Noções fundamentais*, Coimbra Editora, 6.ª Edição, Coimbra, 1991.

[47] Pires de Lima e Antunes Varela, *Noções fundamentais de Direito Civil*, Vol. II, 5.ª Edição, Coimbra Editora, Coimbra, 1962, p. 409.

[48] Leite de Campos, Diogo, *Lições de Direito da Família e das Sucessões*, Almedina, 2012, p. 523.

[49] Martins da Cruz, Branca, *Reflexões Críticas sobre a Indignidade e a Deserdação*, Coimbra, Almedina, 1986, p. 52.

[50] Pamplona Corte-Real, Carlos, *Curso de Direito das Sucessões*, Lisboa, Quid Juris, Sociedade Editora, 2012, p. 213.

[51] Galvão Telles, Inocêncio, *Do Direito das Sucessões – Noções fundamentais*, Coimbra Editora, 6.ª Edição, Coimbra, 1991

[52] Martins da Cruz, Branca, *Reflexões Críticas sobre a Indignidade e a Deserdação*, Coimbra, Almedina, 1986, p. 52.

[53] Refere ainda que, a incapacidade passiva resultante da indignidade sucessória, se protagoniza numa incapacidade passiva de exercício. Para a Professora *incorrer em indignidade não deve significar só por si facto impeditivo da vocação sucessória (...). Declarada a indignidade, a devolução sucessória ao indigno é havida como inexistente, o que implica que até à declaração judicial, a referida*

a indignidade sucessória apresenta como elemento central a incapacidade passiva de suceder e, portanto, a falta de capacidade para suceder *implicaria o impedimento de devolução do direito de suceder ao indigno*[54].

No mesmo sentido, Diogo Leite de Campos[55], Pires de Lima e Antunes Varela referem apenas a adoção do regime da incapacidade na indignidade sucessória.

Finalmente, o Professor Pamplona Corte-Real, ainda que não o afirme expressamente, parece integrar a indignidade sucessória no regime das incapacidades, chegando até a referir que *a capacidade sucessória é a regra* e, portanto, *a exceção será, pois, a incapacidade*[56]. Ademais, critica a teoria da ilegitimidade defendida por Oliveira Ascensão, considerando-a de tal forma abrangente, que se torna limitativa, *uma vez que não alcança um termo específico exigível, distinto dos conceitos de incapacidade de exercício e de gozo*[57].

Inversamente, o Professor Oliveira Ascensão, Capelo de Sousa e Carvalho Fernandes, defendem que o regime da indignidade sucessória enquadra-se no instituto da ilegalidade.

Segundo o Professor Oliveira Ascensão a configuração adequada para qualificar a indignidade reconduz-se à figura da ilegitimidade sucessória passiva. Para tal, invoca como argumentos, desde logo, o facto de o instituto da incapacidade sugerir ou, pelo menos, supor, uma *deficiência natural* do indigno, que não é revelador da verdade e, por outro lado, o carácter relativo da indignidade[58], uma vez que, o sucessível não

devolução existiu. Martins da Cruz, Branca, *Reflexões Críticas sobre a Indignidade e a Deserdação*, Coimbra, Almedina, 1986, p. 52.

[54] Trigo da Romana, Maria Luísa, *O Atual Regime da Indignidade Sucessória,* Mestrado em Ciências Jurídicas-Forenses na Faculdade de Direito da Universidade de Coimbra, Coimbra, maio, 2016, p. 16.

[55] Leite de Campos, Diogo, *Lições de Direito da Família e das Sucessões,* Almedina, 2012, p. 523.

[56] Pamplona Corte-Real, Carlos, *Curso de Direito das Sucessões,* Lisboa, Quid Juris, Sociedade Editora, 2012, p. 53.

[57] Martins Vaz, Filomena do Carmo, *Indignidade Sucessória e Deserdação: Fundamentos Para Uma Alteração Legislativa,* Mestrado em Ciências Jurídicas-Forenses na Faculdade de Direito da Universidade de Coimbra, Coimbra, 2015, p. 31.

[58] Segundo o Oliveira de Ascensão, *aquele que é declarado indigno (...) não está inibido de ser beneficiado em sucessão de pessoas diversas; não sofre, pois, de uma incapacidade sucessória,* Oliveira Ascensão, José *Direito Civil – Sucessões,* 5.ª Edição Revista, Coimbra Editora, Coimbra, 1999, pp. 140-141. O mesmo Autor refere ainda que a indignidade caracteriza-se por uma ilegitimidade que impede um determinado sujeito de *ocupar a posição de sucessor de outro, porque um nexo existente entre ele e o de cujus a isso se opõe,* Oliveira Ascensão, José, *As Actuais Coordenadas*

fica impedido de suceder a qualquer herança, mas sim àquela herança em concreto. É exatamente através deste último argumento que o autor conclui que *estamos antes perante uma ilegitimidade: não incapacidade sucessória passiva, pois, mas ilegitimidade sucessória passiva*[59].

Capelo de Sousa define, igualmente, a indignidade como uma ilegitimidade, por considerar, a par do Professor Oliveira Ascensão, que a figura se encontra munida de relatividade e, ainda pelo facto de ser *possível a reabilitação do indigno*[60].

Finalmente, Carvalho Fernandes consigna que *a configuração adequada destes institutos (indignidade e deserdação) não é a de incapacidade, mas a de ilegitimidade.*

De forma a tomar posição relativamente à natureza jurídica do regime da indignidade sucessória cumpre esclarecer um ponto prévio. Como bem sabemos, não compete ao legislador qualificar os institutos jurídicos, o que nos leva a refutar qualquer argumento que se prenda com o facto do legislador ter definido como epígrafe do artigo 2034.º CC *incapacidade por indignidade.* Aliás, se analisarmos o espírito do legislador romanista e, por conseguinte, o elemento histórico do regime, apercebemo-nos que, muito provavelmente, tinha como intuito enquadrar o regime da indignidade sucessória nas ilegitimidades. Aliás, se assim não fosse, como explicaríamos a existência e, principalmente, a relevância do princípio *indignus potest capere sed non retinere*? Foi justamente a necessidade de impossibilitar o herdeiro indigno de conservar os bens que promoveu a implementação da ideia de que o sucessível ainda que capaz de suceder, não poderia conservar os bens da herança.

A ideia da manutenção da capacidade para suceder, revela que o legislador não tinha como ideia declarar o herdeiro incapaz, mas sim, ilegítimo. Ademais, se olharmos para a noção da legitimidade verificamos que o regime da indignidade sucessória se enquadra, perfeitamente, nesta linha de pensamento.

do Instituto da Indignidade Sucessória, Revista de Ciências jurídicas e Administração Pública, O Direito, 1969, p. 17.

[59] Oliveira Ascensão, José *Direito Civil – Sucessões*, 5.ª Edição Revista, Coimbra Editora, Coimbra, 1999, pp. 157.

[60] Capelo de Sousa, Rabindranath, *Lições de Direito das Sucessões*, Vol. I, 3.ª edição, Coimbra Editora, Coimbra, 1990, p. 293.

Por tudo o que mencionámos ulteriormente, somos levados a concordar com a tese minoritária, que qualifica o regime da indignidade sucessória como uma ilegitimidade.

3. Análise do artigo 2034.º CC

3.1. Crimes previstos como causa de indignidade sucessória

O enunciado normativo 2034.º determina que *Carecem de capacidade sucessória, por motivo de indignidade: a) O condenado como autor ou cúmplice de homicídio doloso, ainda que não consumado, contra o autor da sucessão ou contra o seu cônjuge, descendente, ascendente, adoptante ou adoptado; b) O condenado por denúncia caluniosa ou falso testemunho contra as mesmas pessoas, relativamente a crime a que corresponda pena de prisão superior a dois anos, qualquer que seja a sua natureza; c) O que por meio de dolo ou coacção induziu o autor da sucessão a fazer, revogar ou modificar o testamento, ou disso o impediu; d) O que dolosamente subtraiu, ocultou, inutilizou, falsificou ou suprimiu o testamento, antes ou depois da morte do autor da sucessão, ou se aproveitou de algum desses factos.*

Como é facilmente visível, a alínea a) do artigo 2034.º CC tem como finalidade, indignar quem matar ou tentar matar o autor da herança ou um dos seus familiares "diretos". Seria estranho, que o legislador, não excluísse da herança, aquele que tinha como propósito assassinar o *de cujus* ou os seus familiares. Formalmente consagrado no artigo 24.º CRP, o direito à vida prevê a inviolabilidade da vida humana e caracteriza-se pelo direito mais importante de todos, uma vez que, sem este, todos os outros são irrelevantes.

Aliás, como é defendido pelo Professor Pires de Lima, *ao primeiro núcleo de casos (...) correspondia já, embora em termos muito mais apertados, no artigo 1782 do Código de 1867, o afastamento* [da herança] *daqueles que houvessem atentado contra a vida do testador ou concorrido de qualquer forma para tal delito*. Por essa razão, consideramos que todos os crimes dispostos nos artigos 131.º ss CP se encontram, inteiramente, enquadrados na alínea a) do artigo 2034.º CC. Isto porque, se a *ratio* do instituto da indignidade sucessória apresenta como objeto central a proteção da vontade presumida do *de cujus*, associada à gravidade do crime e à relevância social que lhe é imposto, não se vê razão para excluir do âmbito-aplicacional da alínea a) do artigo 2034.º CC, qualquer tipo de crime contra a vida.

Também é de referir que, ao contrário do que é defendido por alguns autores, parece-nos que os crimes de ofensa à integridade física estão excluídos da abrangência da causa de indignidade disposta na alínea a) do artigo 2034.º CC. E estão, por um conjunto de três razões muito simples. Primeiro, porque a letra da lei assim não o determina. É de fácil interpretação perceber que, onde se lê *o condenado como autor ou cúmplice de homicídio doloso, ainda que não consumado* fica sujeito ao regime da indignidade sucessória, não se lê o condenado a ofensas à integridade física. Segundo, porque se no Código de 1867 e, aliás, o próprio regime de indignidades romanas diferenciava a violência física (legalmente qualificada por ofensas à integridade física) do homicídio ou da tentativa de homicídio e se, tendo em consideração a natureza histórica das causas de indignidade, o legislador de 66 retirou essa possibilidade, não há se não que concluir que o legislador português, teve como objetivo claro retirar as ofensas à integridade física do leque das causas de indignidade sucessória. Finalmente, mesmo quem defende o recurso à analogia nas causas de indignidade sucessória, com recurso à ideia de que cabem nas causas de indignidade sucessória todos os crimes que, ao se compararem com os atualmente dispostos nas alíneas do artigo 2034.º CC, se revelem mais graves ou, pelo menos, tão graves, não podem, enquadrar o crime de ofensas à integridade física na alínea a) do artigo supracitado, por razões, absolutamente, evidentes e dispensáveis de aqui taxar.

Importa esclarecer que se encontram, igualmente, fora do âmbito aplicacional da alínea a) do artigo 2034.º CC o incitamento ou ajuda ao suicídio (artigo 135.º CP), o homicídio negligente (artigo 137.º CP) e o aborto ou a morte da grávida resultante de aborto (artigo 140.º e 141.º CP), uma vez que, nenhum dos crimes acima mencionados cumpre a *ratio* do enunciado normativo 2034.º CC que, como sabemos, baseia-se na cumulação de três critérios, designadamente, a gravidade da conduta prosseguida pelo herdeiro, a repugna da consciência social e a salvaguarda da vontade presumida do autor da herança.

Ora, ainda que o critério da gravidade possa estar preenchido, uma vez que, tanto o bem jurídico em causa, como o resultado do homicídio coincidam com o dos crimes sobreditos, julgamos que o critério da repugna da consciência social e da vontade presumida do autor não se encontram preenchidos. É verdadeiramente necessário ver-se cumprida uma especial perversidade na conduta do agente, ou seja, é necessário que o agente tenha praticado a conduta com dolo.

Ademais, encontram-se excluídos da previsão enunciada na alínea a) do artigo 2034.º CC, todos os crimes de homicídio em que se verifique a exclusão da ilicitude ou da culpa, bem como a inimputabilidade do agente[61].

Ao encontro do que atrás foi mencionado, também a alínea b) tem sido alvo de algumas analogias desequilibradas e, se nos permitem, desenquadradas.

A alínea b) do enunciado normativo 2034.º CC determina que pode estar sujeito à declaração de indignidade sucessória, *o condenado por denúncia caluniosa ou falso testemunho contra as mesmas pessoas, relativamente a crime a que corresponda pena de prisão superior a dois anos, qualquer que seja a sua natureza.*

Pois bem, o Código Penal determina como tipo do crime de denúncia caluniosa, no artigo 365.º CP, *quem, por qualquer meio, perante autoridade ou publicamente, com a consciência da falsidade da imputação, denunciar ou lançar sobre determinada pessoa a suspeita da prática de crime, com intenção de que contra ela se instaure procedimento, é punido com pena de prisão até 3 anos ou com pena de multa.* E determina como tipo do crime de falsos testemunhos, no artigo 360.º CP, *quem, como testemunha, perito, técnico, tradutor ou intérprete, perante tribunal ou funcionário competente para receber como meio de prova, depoimento, relatório, informação ou tradução, prestar depoimento, apresentar relatório, der informações ou fizer traduções falsas, é punido com pena de prisão de 6 meses a 3 anos ou com pena de multa não inferior a 60 dias.*

Como é expectável, através da enunciação do tipo legal dos crimes designados e qualificados como merecedores de incorporar o restrito leque de causas de indignidade sucessória, causa-nos alguma estranheza (como atrás fizemos referência) a relevância que foi dada pelo legislador a estes crimes. Poder-se-á pensar que a alínea foi pensada na ótica de punir as faltas contra a honra do sucessível perante o *de cujus*, porque, como é compreensível, não é moralmente correto, nem eticamente merecedor da herança quem coloca em causa o bom nome e a honra do autor da herança. Porém, o que terá levado o legislador de 1966 a acrescentar o crime de denúncia caluniosa ou falsos testemunhos ao

[61] TRIGO DA ROMANA, Maria Luísa, *O Atual Regime da Indignidade Sucessória*, Mestrado em Ciências Jurídicas-Forenses na Faculdade de Direito da Universidade de Coimbra, Coimbra, maio, 2016, p. 19.

conjunto de causas de indignidade sucessória, em detrimento de todos os outros crimes do ordenamento jurídico português[62]? A resposta é, a nosso ver, simples.

Como sabemos, o direito à honra, ao bom nome e reputação caracterizam-se por uma das mais importantes concretizações da tutela da personalidade, estando por isso, designadas na Lei Fundamental[63] e enquadradas no âmbito da inviolabilidade moral.

O Código de Seabra incluía o direito à honra no leque dos *direitos originários*[64], considerando-o um direito de existência, o qual compreende *não só vida e integridade pessoal do homem, mas também o seu bom nome reputação, em que consiste a dignidade moral.*

Pedro Pais de Vasconcelos afirma que *o direito à honra é uma das mais importantes concretizações da tutela e do direito da personalidade. A honra é um preciosíssimo bem da personalidade*[65].

[62] Capelo de Sousa tenta responder à questão acima colocada defendendo que *o legislador foi sensível ao que estes traduzem de afrontoso e de perfídia e às suas repercussões de ordem pública,* Capelo de Sousa, Rabindranath, *Lições de Direito das Sucessões,* Vol. I, 3.ª edição, Coimbra Editora, Coimbra, 1990, p. 295.

[63] Designadamente, no artigo 26/1.º CRP, que determina que, *a todos são reconhecidos os direitos à identidade pessoal, ao desenvolvimento da personalidade, à capacidade civil, à cidadania, ao bom nome e reputação, à imagem, à palavra, à reserva da intimidade da vida privada e familiar e à protecção legal contra quaisquer formas de discriminação.*

[64] Dizem-se direitos originários os que resultam da própria natureza do homem, e que a lei civil reconhece, e protege como fonte e origem de todos os outros. Estes direitos são: 1.º direito de existência, 2.º direito e liberdade, 3.º direito de associação, 4.º direito de apropriação e 5.º direito de defesa.

[65] O autor afirma ainda que a honra é a dignidade pessoal pertencente à pessoa enquanto tal, e reconhecida na comunidade em que se insere e em que coabita e convive com as outras pessoas...A perda ou lesão da honra – a desonra – resulta, ao nível pessoal, subjectivo, na perda do respeito e consideração que a pessoa tem por si própria, e ao nível social, objectivo, pela perda do respeito e consideração que a comunidade tem pela pessoa. A lesão da honra pode não ser total – só em casos excepcionais o será – e limitar-se a um seu detrimento. A honra, neste caso, é lesada, mas não perdida...Todas as pessoas têm direito à honra pelo simples facto de existirem, isto é, de serem pessoas. É um direito inerente à qualidade e à dignidade humana. Mas as pessoas podem perder a honra ou sofrer o seu detrimento em virtude de vicissitudes que tenham como consequência a perda ou diminuição do respeito e consideração que a pessoa tenha por si própria ou de que goze na sociedade. As causas de perda ou do detrimento da honra – de desonra – são, em termos muito gerais, acções da autoria da própria pessoa ou que lhe sejam imputadas, e que sejam consideradas reprováveis na ordem ética vigente, quer ao nível da própria pessoa, quer ao nível da sociedade, Pais de Vasconcelos, Pedro, *Direito de Personalidade,* Almedina, Lisboa, 2006, p. 76.

No mesmo sentido, Rabindranath Capelo de Sousa diz-nos que *a honra abrange desde logo a projecção do valor da dignidade humana, que é inata, ofertada pela natureza igualmente para todos os seres humanos, insusceptível de ser perdida por qualquer homem em qualquer circunstância... Em sentido amplo, inclui também o bom nome e reputação, enquanto sínteses do apreço social pelas qualidades determinantes da unicidade de cada indivíduo no plano moral, intelectual, sexual, familiar, profissional ou político*[66].

Desde a Lei Fundamental de 1933 que o direito à honra se encontra protegido constitucionalmente. Diz-nos, aliás, o Ac. STJ Processo n.º 08A2452, que *esta protecção com assento constitucional na Lei Fundamental de 1933 e de 1976 tem vindo a ser alargada, não só pelo contributo das ciências sociais como pelo avanço dos estudos doutrinais e jurisprudenciais, sendo que a Constituição de 1976 de modo claro tutela direitos de personalidade como o direito à vida (artigo 24.º), à integridade moral e física (artigo 25.º); à identidade pessoal, à capacidade civil, à cidadania, ao bom nome e reputação à imagem, à palavra e à reserva intimidade da vida privada e familiar (artigo 26.º), à liberdade e segurança (artigo 27.º) e à inviolabilidade do domicílio e da correspondência (artigo 34.º).O art. 26.º, n.º 1, da Constituição da República consigna: "A todos são reconhecidos os direitos à identidade pessoal, ao desenvolvimento da personalidade, à capacidade civil, à cidadania, ao bom nome e reputação, à imagem, à palavra, à reserva da intimidade da vida privada e familiar e à protecção legal contra quaisquer formas de discriminação"*[67].

Ora, uma vez que o direito à honra se encontra subjacente à dignidade da pessoa humana e, tendo em consideração que este último se qualifica como um dos princípios base do ordenamento jurídico português, devido ao facto do seu âmbito-aplicacional se caracterizar pela sua extrema amplitude[68], é perfeitamente justificável, considerar que

[66] Capelo de Sousa, Rabindranah, *O Direito Geral da Personalidade*, Coimbra Editora, Coimbra, 1995, p. 303-304.

[67] Ac. STJ, 30 de setembro de 2008, Proc. n.º 08A2452, Relator: Fonseca Ramos, disponível em: www.dgsi.pt.

[68] Como sabemos o artigo 1.º CRP pauta e salvaguarda o princípio da dignidade da pessoa humana, o qual se caracteriza como o princípio mais lato que dispomos no nosso ordenamento jurídico. Tendo em consideração a amplitude do princípio constante no enunciado normativo sobredito e, com o intuito de seguirmos sempre a mesma linha de raciocínio, deverá entender-se a dignidade da pessoa humana mediante as linhas orientadoras facultadas pela doutrina e pela jurisprudência portuguesa, que a qualificam através do respeito pela personalidade da pessoa; pela imposição de respeito pela autodeterminação da pessoa e pela

o direito à honra – exatamente pelo facto de se qualificar por um direito justificadamente enquadrável em todos os crimes de carácter pessoal, isto é, todos os crimes que atentem contra direitos pessoais – não pode fundamentar, *per se,* causas suscetíveis de integrar o regime da indignidade sucessória defendido pelo legislador.

Como fizemos referência, o direito à honra enquadra-se em todos os tipos penais que atentem contra direitos pessoais. Ora, ao criar-se uma alínea no regime da indignidade sucessória que permitisse a declaração de indignidade ao herdeiro que atentasse, *per se,* contra a honra do *de cujus,* estar-se-ia a criar, tão-só, uma cláusula aberta que permitiria indignar um herdeiro, por *qualquer crime* que atentasse contra direitos pessoais.

Ainda assim e, independentemente de se concordar com uma cláusula aberta para o regime da indignidade sucessória, a verdade é que não era essa a intenção do legislador. Isto porque, se fosse essa a sua finalidade, não teria distinguido o regime da indignidade sucessória do regime da deserdação, porque, para além da questão da legitimidade que distingue os institutos, outra das principais destrinças, baseia-se no facto de no regime da deserdação existir uma cláusula aberta que permite ao autor da herança deserdar com muito maior liberdade, comparando com aquela que é dada aos herdeiros para declararem a indignidade de um outro sucessível.

Mais, o próprio regime da deserdação auxilia-nos nesta discussão, uma vez que, a partir do artigo 2166.º CC pode ver-se que não era essa, de todo, a perspetiva e finalidade do legislador, ora vejamos. O enunciado normativo 2166.º CC diz-nos que *o autor da sucessão pode em testamento, com expressa declaração da causa, deserdar o herdeiro legitimário, privando-o da legítima, quando se verifique alguma das seguintes ocorrências: a) ter sido o sucessível condenado por algum crime doloso cometido contra a pessoa, bens ou honra do autor da sucessão, ou do seu cônjuge, ou de algum descendente, ascendente, adoptante ou adoptado, desde que ao crime corresponda pena superior a seis meses de prisão; b) ter sido o sucessível condenado por denúncia caluniosa ou falso testemunho contra as mesmas pessoas; c) ter o sucessível, sem justa causa, recusado ao autor da sucessão ou ao seu cônjuge os devidos alimentos.*

proibição de instrumentalização da pessoa, uma vez que, a pessoa é sujeito e não objeto, sendo por isso fim e não meio de relações jurídico-sociais.

Ora, é possível verificar, pela análise do artigo 2166.º CC, que o legislador no regime da deserdação distinguiu, expressa e inequivocamente, a condenação *por algum crime doloso cometido contra* (...) *a honra* (...) (artigo 2166/a).º CC) e a condenação *por denúncia caluniosa ou falso testemunho* (artigo 266/b).º CC).

Face ao exposto, parece-nos difícil defender que a alínea b) do artigo 2034.º CC se reconduz à proteção da honra do autor da herança e dos seus familiares mais próximos.

Compreendemos, contudo, que o bom nome e a honra se qualificam por conceitos demasiado importantes para serem descartados de um regime que impõe o respeito por aquele a quem se sucede e, por esse motivo, não nos surpreende a interpretação extensiva – e não analógica – da alínea b) do artigo 2034.º CC, de modo a enquadrar o direito à honra *lato sensu* no leque das causas de indignidade sucessória.

O que nos surpreende reporta-se, apenas, à incoerência do legislador. Não se compreende, como é que, desde então, não foram enquadrados outros crimes no regime da indignidade sucessória.

Aliás, se o critério determinante para integrar o grupo de causas de indignidade sucessória se reconduz à gravidade que é dada por uma Sociedade a uma certa conduta, assessorada pela vontade presumida do autor da herança, como é que se explica a não inclusão de tantos outros crimes no leque das causas de indignidade sucessória, quando ainda por cima, atualmente, poucos são os casos julgados com recurso à alínea b) do artigo 2034.º CC?

Com todo o respeito que é devido, consideramos que a alínea b) tem, de alguma forma, servido de manobra para fazer face às constantes e visíveis lacunas do regime da indignidade sucessória. Prova disso mesmo, é a utilização da alínea b) como meio para a justa decisão de casos, à partida, excluídos do âmbito das causas de indignidade. Aliás, para verificarmos, a veracidade do que atrás foi mencionado, basta analisarmos o Ac. TRG, de 22 de janeiro de 2009, Proc. n.º 2612/08-1, Relator Rosa Tching[69] que relata um caso de abuso sexual de uma menor, praticado pelo seu pai que, acabou por ser excluído da herança *por motivo de indignidade previsto na alínea b) do artigo 2034.º CC.*

[69] Ac. TRG, de 22 de janeiro de 2009, Proc. n.º 2612/08-1, Relator Rosa Tching, disponível em https://www.dgsi.pt.

Ora, o caso subiu para o Supremo Tribunal de Justiça[70], o qual, a nosso ver, compreendendo tudo o que temos mencionado, e percebendo que legalmente, não era possível justificar a indignidade de um sujeito que cometeu vários crimes de abuso sexual sob sua filha[71], pela simples aplicação da alínea b) do artigo 2034.º CC, uma vez que, caso contrário, violar-se-ia o princípio da segurança jurídica e o principio da legalidade, recorreu à figura do abuso de direito[72], por forma a determinar a ilegitimidade sucessória do arguido.

Percebemos a notória tentativa do Tribunal da Relação de Guimarães que, de mãos e pés atados, tentou justificar uma decisão injustificável, do ponto de vista legal, de modo a colmatar uma lacuna gravíssima no ordenamento jurídico português, o qual, se não fosse a cláusula de escape do abuso de direito – argumento aliás utilizado pelo Supremo Tribunal de Justiça para indignar o sucessível – teria permitido o recebimento da herança.

Mais importa esclarecer que, os crimes designados na alínea b) do enunciado normativo 2034.º CC, expressamente determinados nos artigos 360.º e 365.º CP, em nada correspondem ao sentido argumentativo do referido Tribunal.

Sobre o tema, no Comentário Conimbricense, pág. 477, diz Medina de Seiça que caso a narração do declarante se afaste do acontecido, isto é, daquilo que o tribunal, em face da produção da prova, tenha dado por acontecido, ela é falsa. Quer isto dizer que para se afirmar a falsidade do depoimento, o Tribunal tem que dar como provados determinados factos sobre os quais uma testemunha depôs de modo diferente, e que a testemunha conhecia a realidade que o Tribunal deu como provada e que, provando-se que essa realidade era a verdadeira, de livre vontade e intencionalmente, a ocultou[73], ou seja, *a verdade que se busca para determinação*

[70] Ac. STJ, de 07 de janeiro de 2010, Proc. n.º 104/07.9TBAMR.S1, Relator: Pires da Rosa, disponível em https://www.dgsi.pt.

[71] *Ou seja, face à factualidade resumida, o STJ vendo-se perante a incapacidade de resolver a questão por via da declaração de indignidade sucessória, acabou por decidir no mesmo sentido prático e útil mas tendo que fazer uso do instituto do abuso de direito,* Parecer do Conselho Superior do Ministério Público Lisboa, 12 de setembro de 2014, referente ao Projeto de Lei n.º 632/XII/3.ª (PS), de 08 de julho de 2014, disponível em www.parlamento.pt.

[72] É ilegítimo o exercício de um direito, quando o titular exceda manifestamente os limites impostos pela boa fé, pelos bons costumes ou pelo fim social ou económico desse direito, artigo 334.º CC.

[73] Ac. TRC, de 10 de julho de 2018, Proc. n.º 244/1.6T9CTB.C1, Relator: Inácio Monteiro, disponível em www.dgsi.pt.

do elemento típico do crime de falso testemunho não é a verdade formal mas sim a que corresponde a um dado acontecimento histórico conhecido de quem depõe e que é negado, ou do conhecimento de um facto inexistente que se afirma como verdadeiro[74].

Já quanto ao crime disposto no enunciado normativo 365.º CP, cumpre mencionar que *o mesmo pressupõe a criação de um perigo concreto da pessoa ofendida ver a sua liberdade posta em causa pela instauração de um procedimento persecutório: a denúncia ou suspeita tem de ser, no seu conteúdo essencial, falsa, no sentido de que, comprovadamente, a pessoa denunciada não cometeu o facto (crime, contra-ordenação ou ilícito disciplinar) por que o agente, pretende vê-la perseguida*[75]. Dito por outra palavras, para que o elemento do tipo penal disposto no enunciado normativo 365.º CP se encontre preenchido, é necessário, por um lado, a existência de uma denúncia ou, pelo menos, a criação a falsa suspeita da prática de um crime sobre uma determinada pessoa, perante a autoridade ou publicamente e, por outro lado, que o agente incriminador tenha consciência da falsidade do seu depoimento, isto é, consciência da falsidade da imputação veiculada na denúncia, tendo agido com a intenção de ver instaurado um procedimento contra a pessoa visada na denúncia.

Ora, feita a análise dos tipos penais dispostos nos artigos 360.º e 365.º CP, é possível concluir que nenhum dos sobreditos crimes se coaduna com o recorrente entendimento segundo o qual a alínea b) do enunciado normativo 2034.º CC traduz- se ou pode traduzir-se na defesa da honra do *de cuiús*.

Julgamos, por isso, que a alínea b) do artigo 2034.º CC tem, pelas razões acima descritas e, por demasiadas vezes, sido *objeto de aplicação analógica, por forma a nele se poder integrar os condenados pela prática de outros crimes de ofensa à honra do autor da sucessão desde que sejam mais graves do que aqueles que o próprio legislador nele previu expressamente ou de idêntica gravidade*[76], algo que, a nosso ver, deve ser, urgentemente, revisto pois, caso contrário, o que estamos a defender é a existência de uma cláusula

[74] Ac. TRG, de 10 de janeiro de 2005, Proc. n.º 1682/04-2, Relator Anselmo Lopes, disponível em www.dgsi.pt.

[75] Ac. TRP, de 24 de janeiro de 2018, Proc. n.º 4214/15.0T9MAI.P1, Relator Eduarda Lobo, disponível em www.dgsi.pt.

[76] Ac. TRG, de 22 de janeiro de 2009, Proc. n.º 2612/08-1, Relator Rosa Tching, disponível em https://www.dgsi.pt.

aberta no regime da indignidade sucessória, a qual, como referimos, não se coaduna com as intenções do legislador.

Finalmente, as alíneas c) e d) que determinam que *c) o que por meio de dolo ou coacção induziu o autor da sucessão a fazer, revogar ou modificar o testamento, ou disso o impediu; d) O que dolosamente subtraiu, ocultou, inutilizou, falsificou ou suprimiu o testamento, antes ou depois da morte do autor da sucessão, ou se aproveitou de algum desses factos* poderão ficar sujeitos à declaração de indignidade sucessória.

Como é visível nas alíneas acima indicadas, o legislador teve como pretensão precaver a liberdade de testar consagrada nos artigos 2179.º ss CC e, anteriormente reconhecida no Código de 1867 e no regime sucessório Romano. Pretendendo, portanto, garantir a *perenidade extrínseca à vontade do autor da sucessão incorporada no testamento e fazer respeitar as suas decisões, daí que excecionalmente se admita nestas hipóteses que os factos materiais da indignidade possam ocorrer após a abertura da sucessão*[77].

3.2. Carácter taxativo do enunciado normativo 2034.º CC?

Ora, até ao momento inferimos, que, por um lado, o regime da indignidade caracteriza-se por uma ilegitimidade sucessória e, por outro, que o critério subjacente às causas de indignidade sucessória fundamenta-se, cumulativamente, na gravidade e na consciência social que é dada a uma determinada conduta.

Resta, portanto, discutir *se aquele que praticar um ilícito ou uma ofensa grave que não esteja incluída neste catálogo possa, ainda assim, ser afastado da sucessão*, ou seja, *terá o artigo natureza taxativa ou poderá ser feito algum tipo de analogia?*[78]

A maioria da doutrina e (até da jurisprudência) tem entendido que as causas de declaração de indignidade sucessória, referidas no artigo 2034.º CC, ainda que apresentem um carácter taxativo, podem sujeitar-se a uma interpretação analógica, de modo a integrar outros crimes de igual gravidade que não se encontrem expressamente designados no leque de causas de indignidade sucessória.

[77] Capelo de Sousa, Rabindranath, *Lições de Direito das Sucessões*, Vol. I, 3.ª edição, Coimbra Editora, 1990, p. 296.

[78] Alves Cardiga, Catarina Maria, *A Indignidade e a Deserdação: Uma Perspetiva Séc. XXI*, Mestrado em Direito e Prática Jurídica, Especialidade em Direito Civil, Lisboa, 2018, p. 25.

Neste sentido encontramos Oliveira Ascensão que defende que, *a segurança jurídica, que exigiu a previsão legal das causas de indignidade e de deserdação, levou ao estabelecimento de grandes categorias de casos que trazem limitação à actividade do intérprete; mas não implica o afastamento da exigência fundamental do tratamento igual de casos semelhantes, que está na base da analogia, desde que esta só possa funcionar a partir dos modelos dados pela lei – desde que utilize somente a analogia legis, portanto*[79].

Para este autor, o carácter das causas de indignidade sucessórias, *trata-se de uma tipicidade delimitativa ou mitigada, ou seja, que a lei estabelece "modelos", "grandes categorias de casos*[80]*", dentro dos quais a indignidade deve caber, concluindo que, se uma situação se revelar análoga às previstas nesses modelos, não haverá razão para banir o recurso a uma "analogia mais limitada", a partir da integração no conceito base de indignidade e, simultaneamente, em alguma das causas previstas da lei ("analogia legis")*[81]*81.*

Em sentido oposto, Pamplona Corte-Real defende a tipicidade das causas de indignidade sucessória e rejeita perentoriamente a possibilidade do recurso à analogia, independentemente da sua forma. Para tal, utiliza como argumento central, o facto de a indignidade assumir uma natureza de pena civil. Aliás, como alude o Professor Jorge Duarte Pinheiro, que acompanha a tese do Professor Pamplona Côrte-Real, o enunciado normativo 2034.º CC ao qualificar-se por uma pena civil, encontra-se íntima e diretamente sujeito ao princípio da legalidade, não podendo, por essa razão recorrer-se à analogia.

Entendemos, portanto, que a maioria da doutrina defende a tipicidade e, por conseguinte, o carácter taxativo do enunciado normativo da declaração de indignidade sucessória. Contudo, consideram, que às causas integrantes do artigo 2034.º CC podem, com recurso à analogia, enquadrar-se outras. Por essa razão, agrupam as causas de indignidade

[79] OLIVEIRA ASCENSÃO, José *Direito Civil – Sucessões,* 5.ª Edição Revista, Coimbra Editora, Coimbra, 1999, p. 293.

[80] Por essa razão, segue a tese que agrupa as causas de indignidade sucessória em quatro categorias: *atentado contra a vida do autor da sucessão; atentado contra a honra do autor; atentado contra a liberdade de testar e atentado contra o próprio testamento, que correspondem, respetivamente, às alíneas a), b) c) e d) do mencionado artigo* ALVES CARDIGA, Catarina Maria, *A Indignidade e a Deserdação: Uma Perspetiva Séc. XXI,* Mestrado em Direito e Prática Jurídica, Especialidade em Direito Civil, Lisboa, 2018, p. 25.

[81] Ac. TRG, de 22 de janeiro de 2009, Proc. n.º 2612/08-1, Relator Rosa Tching, disponível em https://www.dgsi.pt.

sucessória em quatro categorias: *atentado contra a vida do autor da sucessão; atentado contra a honra do autor; atentado contra a liberdade de testar e atentado contra o próprio testamento, que correspondem, respetivamente, às alíneas a), b) c) e d) do mencionado artigo*[82], de forma a integrá-las no leque de causas de indignidade sucessória.

O exemplo mais paradigmático desta luta de integração de causas não estabelecidas[83], no limite, expressamente, no enunciado 2034.º CC, reconduz-se à sentença proferida pelo Tribunal da Relação de Guimarães a 22 de janeiro de 2009, no Processo n.º 2612/08-1 e, mais tarde reafirmada (na decisão e não nos fundamentos) pelo Supremo Tribunal de Justiça de 7 de janeiro de 2010, no Processo n.º 104/07.9TBAMR.S1.

No Tribunal da Relação de Guimarães decidiu-se *julgar procedente a apelação e, revogando-se a sentença recorrida, julga*[r]*-se procedente a acção e, consequentemente, declara*[r]*-se o réu, MANUEL A..., carecido de legitimidade sucessória relativamente à herança de sua filha Florbela A..., por motivo de indignidade previsto na alínea b) do art. 2034.º do C. Civil.* Para tal, argumentou-se, pasmem-se, *Numa concepção normativo-pessoal, seguida pela jurisprudência e doutrina jurídico-penais portuguesa, a honra é vista como um bem jurídico complexo que inclui, quer o valor pessoal ou interior de cada indivíduo, radicado na sua dignidade (honra interna), quer a própria reputação ou consideração exterior (honra externa)* e, face a esta amplitude normativo-pessoal do conceito de honra, cabem, *seguramente, todos os valores que se prendem com a "moral sexual" de cada pessoa e com os "sentimentos gerais da moralidade sexual"* e, por esse motivo, não se vislumbrava qualquer impedimento na aplicação analógica da alínea b) do artigo 2034.º CC.

Pois bem, que a *moral sexual* e, em especial, os crimes que atentem contra a liberdade e autodeterminação sexual se encontrem subjacentes à honra, ninguém questiona. A interrogativa, contudo, que se coloca, baseia-se em saber qual o crime que não atenta contra a honra, do ponto de vista, normativo-pessoal (como é referido pelo Digníssimo Tribunal)? Existe algum crime, que atente contra a pessoa, direta ou indiretamente, que não ponha em causa a sua honra? Parece-nos que não e, em razão disso, não conseguimos acompanhar a decisão do Tribunal,

[82] Alves Cardiga, Catarina Maria, *A Indignidade e a Deserdação: Uma Perspetiva Séc. XXI*, Mestrado em Direito e Prática Jurídica, Especialidade em Direito Civil, Lisboa, 2018, p. 25.

[83] E, a nosso ver, como aliás já fizemos referência e, ao longo do presente capítulo pormenorizaremos, muito menos pensadas e/ou pretendidas pelo legislador.

uma vez que, a nosso ver, a alínea b) do artigo 2034.º CC não permite, mesmo recorrendo à analogia, o enquadramento legal deste crime (ou de qualquer outro, como demonstraremos) no âmbito das causas de indignidade sucessória.

Aliás, como bem sabemos, a interpretação legal dos enunciados normativos encontra-se balizada nos termos do artigo 9.º, artigo 10.º e artigo 11.º CC, nos quais se menciona que a interpretação normativa não deve ter apenas por base a letra da lei, mas ter, igualmente, em consideração o espírito do legislador, o carácter teleológico e, finalmente, *as circunstâncias em que a lei foi elaborada e as condições específicas do tempo em que é aplicada.*

Do ponto de vista da letra da lei, é para nós evidente que, da alínea b) do artigo 2034.º CC não se retira que os crimes de liberdade e autodeterminação sexual aqui se incluam. Como referimos, ulteriormente, os crimes que preenchem o tipo legal da alínea sobredita são a denúncia caluniosa ou falso testemunho. O que aliás, permite retirar uma outra conclusão. Ora, tendo em consideração que a letra da lei determina que se considera causa suficiente para declaração de indignidade sucessória o condenado a denúncia caluniosa ou a falso testemunho e não, como se tenta perpetuar, quem ofender o bom-nome ou honra do *de cujus,* é evidente que se o legislador tivesse, efetivamente, como intenção, indignar quem ofendesse (e, por isso condenado) a honra do autor da herança, poderia ser sujeito à declaração de indignidade sucessória teria, seguindo o número 3 do artigo 9.º CC, mencionado isso mesmo.

Todavia, não foi essa a opção do legislador. Aliás, tendo em consideração a última parte do número 1, do artigo 9.º CC, o próprio legislador do Código Penal de 1982[84] não integrou os crimes da aliena b) do artigo

[84] Como sabemos, o primeiro Código Penal Português foi aprovado pelo Decreto Lei n.º 400/82, de 23 de setembro, o qual teve por base, o projeto do Código Penal de 1963 e 1966 elaborados pelo ilustre Eduardo Correia. Ainda que não aprovados, os estudos penalistas de 1963 e 1966 revelaram-se uma das obras mais importantes para a sociedade penalista, como aliás se veio a evidenciar no Código Penal de 1982. Ainda que separados por cerca de 20 anos, as ideologias, pensamentos e dogmáticas de 1963 e 1966 foram transpostas para aquele que viria a ser o primeiro Código Penal Português. Esta preposição revela-se fundamental para entender o espírito do legislador na construção do regime da indignidade sucessória. Isto porque, tendo em consideração que o Código Civil foi aprovado em 1966 e que os estudos penalistas de 1963 e 1966 antecederam e estruturam o Código Penal de 1982 é de fácil perceção que *as circunstâncias em que a lei foi elaborada e as condições específicas do tempo em*

2034.º CC no capítulo *Dos crimes contra a honra,* o que permite concluir que, nem mesmo *as circunstâncias em que a lei foi elaborada e as condições específicas do tempo em que é aplicada,* corroboram com a decisão do referido Tribunal[85].

Ora, tendo como base a ideia de que, *o legislador consagrou as soluções mais acertadas e soube exprimir o seu pensamento em termos adequados,* é por nós defendido que o legislador teve como intenção particularizar a denúncia caluniosa ou falso testemunho como causas suficientes para a declaração de indignidade sucessória.

Tendo em consideração o acima mencionado, é igualmente evidente que, do ponto e exista teleológico o legislador pretendeu definir, taxativamente, os crimes passíveis de causar a indignidade sucessória.

Primeiro, porque a figura da indignidade e a figura da deserdação diferem, em particular, pelo facto de no regime disposto no artigo 2034.º CC legitimar os herdeiros ou, no limite, o Ministério Público, para intentarem a declaração de indignidade sucessória e, pelo contrário, no instituto da deserdação, o autor da herança é o único agente com legitimidade para deserdar. Esta diferença é reveladora do fim pretendido pelo legislador, que não tencionou outra solução que não esta, a qual aliás, revela-se como a única solução que garante a segurança jurídica e a fidelidade dos herdeiros.

Seguindo a dinâmica até aqui prosseguida, é inevitável mencionar que, a nosso ver, o espírito do legislador baseava-se no carácter taxativo do regime da indignidade sucessória e na impossibilidade de recorrer à analogia. Isto porque, se assim não fosse, qual a razão para justificar a presença de uma cláusula aberta no regime da deserdação e a ausência de outra no regime da indignidade sucessória? A resposta é simples.

O legislador de 66 teve como clara intenção criar um regime diferente da deserdação, onde se revelasse legítimo, aos herdeiros, seguirem a vontade presumida do autor – que, como se compreenderá, não quereria, certamente, ofertar um herdeiro não digno de receber a sua

que é aplicada eram exatamente iguais. E, portanto, é nítido que o legislador optou, propositadamente, pelos crimes de denúncia caluniosa e falso testemunho em detrimento do leque de crimes contra a honra (divisão já existente no Código Penal de 1982).

[85] Ainda que, como sabemos, a localização das normas legais não configura argumento suficiente para a certeza da natureza de uma norma. Exemplo disso mesmo é a natureza jurídica do instituto da indignidade sucessória, como aliás, já tivemos oportunidade de referir.

herança. Contudo, para que não existisse um aproveitamento dessa legitimidade, foi necessário designar, taxativa e expressamente, os crimes sujeitos ao regime da indignidade sucessória, o que permite concluir que, o recurso à analogia não tem qualquer base justificativa para resolver situações não pensadas e designadas na lei.

É, portanto, por nós inquestionável a natureza taxativa do leque de causas de indignidade sucessória pautadas no artigo 2034.º CC e, igualmente, incontestável a impossibilidade de resolver os casos omissos através da analogia. Por essa razão, consideramos urgente a reforma do regime da indignidade sucessória, de forma a incluir outros crimes no leque de causas de indignidade sucessória.

Segundo, como também sabemos, as normas excecionais não se encontram sujeitas à analogia, uma vez que, a exceção é isso mesmo, uma exceção. Tratando-se o regime da indignidade sucessória uma exceção ao regime da capacidade sucessória que se revela e sempre revelou (e revelará) a regra, não se compreende o possível recurso à analogia.

Finalmente, cumpre ainda esclarecer, dum ponto de vista genérico, que para que a declaração de indignidade sucessória se efetive, é imprescindível a existência de uma sentença condenatória que puna os herdeiros num dos crimes previstos no enunciado normativo das causas de indignidade sucessória e, uma sentença que declare o herdeiro condenado indigno.

Ainda que a primeira parte do parágrafo antecedente não apresente dúvidas na doutrina e na jurisprudência, a necessidade de existência de uma sentença declarativa da indignidade do herdeiro levanta querelas doutrinárias, havendo parte da doutrina que considera que basta uma sentença que condene o herdeiro a um dos crimes que integram as causas de indignidade sucessória para que se efetive a sua indignidade, não sendo portanto necessário, uma sentença que declare a indignidade do herdeiro.

CAPÍTULO II
VIOLÊNCIA DOMÉSTICA: ANÁLISE HISTÓRICA E MATERIAL

Antes de qualquer outro escrutínio, consideramos imperioso analisar e, por conseguinte, definir o tipo penal da Violência Doméstica. Para tal, é necessário analisar a evolução histórica do crime de Violência Doméstica para, posteriormente, entender o contributo penal e civil da integração do crime de Violência Doméstica no reduzido leque das causas de indignidade sucessória.

1. Análise histórica

O crime de Violência Doméstica, disposto no enunciado normativo 152.º CP, integrou o Código Penal há menos de 15 anos! Foi através da Lei n.º 59/2007 de 4 de setembro que o ordenamento jurídico-penal português consagrou como crime *quem, de modo reiterado ou não, infligir maus tratos físicos ou psíquicos, incluindo castigos corporais, privações da liberdade e ofensas sexuais: a) Ao cônjuge ou ex-cônjuge; b) A pessoa de outro ou do mesmo sexo com quem o agente mantenha ou tenha mantido uma relação análoga à dos cônjuges, ainda que sem coabitação; c) A progenitor de descendente comum em 1.º grau; ou d) A pessoa particularmente indefesa, em razão de idade, deficiência, doença, gravidez ou dependência económica, que com ele coabite; é punido com pena de prisão de um a cinco anos, se pena mais grave lhe não couber por força de outra disposição legal.*

Precedente à entrada em vigor da Lei n.º 59/2007, de 4 de setembro, – e, por essa razão, antes da consagração do tipo penal da Violência Doméstica como crime autónomo e independente – o Código Penal de

1982 já previa o crime que viria a caracterizar-se como a génese do crime de Violência Doméstica, o qual constava no artigo 153.º do Código Penal de 1982, tendo como epígrafe, maus tratos ou sobrecarga de menores, de incapazes ou do cônjuge e determinando que *1 – o pai, mãe ou tutor de menor de 16 anos ou todo aquele que o tenha a seu cuidado ou à sua guarda ou a quem caiba a responsabilidade da sua direcção ou educação será punido com prisão de 6 meses a 3 anos e multa até 100 dias quando, devido a malvadez ou egoísmo: a) lhe infligir maus tratos físicos, o tratar cruelmente ou não lhe prestar os cuidados ou assistência à saúde que os deveres decorrentes das suas funções lhe impõem; ou b) o empregar em actividades perigosas, proibidas ou desumanas, ou sobrecarregar, física ou intelectualmente, com trabalhos excessivos ou inadequados de forma a ofender a sua saúde, ou o seu desenvolvimento intelectual, ou a expô-lo a grave perigo. 2 – da mesma forma será punido quem tiver como seu subordinado, por relação de trabalho, mulher grávida, pessoa fraca de saúde ou menor, se se verificarem os restantes pressupostos do n.º 1.* E no número 3 – *da mesma forma será ainda punido quem infligir ao seu cônjuge o tratamento descrito na alínea a) do n.º 1 deste artigo.*

Foi por meio do Professor Eduardo Correia[86] que o artigo 153.º do Código Penal de 1982 autonomizou[87] o crime sobredito dos restantes crimes de maus tratos dispostos nos artigos 166.º e 167.º do Projeto do Código Penal de 1982. Todavia, o artigo sobredito não previa *os maus tratos entre cônjuges, ilícito que veio a ser introduzido na redação definitiva do Código Penal pela Comissão Revisora, ficando a constar do n.º 3 do referido artigo 153.º*[88].

O enunciado normativo 153.º do Código Penal de 1982 pautava, por um lado, um conjunto de situações caracterizadoras das relações violentas existentes entre o agente[89] e a vítima[90], nas quais se verificasse a

[86] Autor do Projeto do Código Penal de 1982.

[87] Atas das Sessões da Comissão Revisora do Código Penal, Parte Especial, AAFDL, 1979.

[88] Casimiro Nunes, Carlos e Mota, M.ª Raquel, *O crime de violência doméstica: a al. B) do n.º 1 do art. 152.º do Código Penal,* Revista do Ministério Público n.º 122, Lisboa, abr/jun 2010, p. 134.

[89] Cumpre esclarecer que, para efeitos de preenchimento do tipo penal, o agressor poderia ser *o pai, mãe ou tutor de menor de 16 anos ou todo aquele que o tenha a seu cuidado ou à sua guarda ou a quem caiba a responsabilidade da sua direcção ou educação, quem tiver como seu subordinado, por relação de trabalho, mulher grávida, pessoa fraca de saúde ou menor* e, finalmente, o *cônjuge.*

[90] As vítimas seriam os filhos, menores de 16 anos que se encontrassem à guarda ou a cuidado de outrem, o subordinado por relação de trabalho, incluindo a mulher grávida, pessoa fraca de saúde ou menor e o cônjuge.

existência de um vínculo/relação de subordinação e/ou guarda entre o agente e a vítima (números 1 e 2) e, por outro lado, *punia o cônjuge que maltratasse o outro por lhe infligir maus tratos físicos, que o tratasse cruelmente ou não lhe prestasse os cuidados ou a assistência à saúde*[91] (número 3). *Servia a incriminação*, por isso, *para delimitar situações que, por acção ou omissão, resultassem numa inflição de maus tratos a vítimas específicas, encontrando o seu principal fundamento na existência de uma relação de proximidade entre o autor do crime e a vítima do mesmo*[92].

Importa destacar que o artigo 153.º do Código Penal de 1982 exigia que a conduta prosseguida pelo agente revelasse *malvadez ou egoísmo*, ou seja, para que o tipo penal ficasse preenchido era necessário a existência de um dolo específico[93] [94], o que, como é evidente, dificultava o preenchimento do tipo[95]. Além disso, a conduta exercida pelo agente tinha de se distinguir do normal "poder de correção" vigorante na Sociedade Portuguesa de 1982. Aliás, foi justamente a necessidade de distinguir o

[91] Casimiro Nunes, Carlos e Mota, M.ª Raquel, *O crime de violência doméstica: a al. B) do n.º 1 do art. 152.º do Código Penal*, Revista do Ministério Público n.º 122, Lisboa, abr/jun 2010, p. 134.

[92] Neves Simões, Sara, *O Crime de Violência Doméstica, Aspetos Materiais e Processuais*, Mestrado em Direto Forense, Faculdade de Direito da Universidade Católica Portuguesa, Escola de Lisboa, Lisboa, março 2015, p. 5.

[93] Para a Professora Teresa Beleza, é corrente, mas talvez incorrecto ou pelo menos infeliz, o uso da expressão «dolo específico» (...). A expressão «dolo específico», correntemente utilizada para referir determinadas direcções de vontade que certos tipos exigem, é infeliz porque a palavra «dolo» significa, em geral, conhecimento e vontade de fazer ou alcançar algo descrito no tipo objectivo como comportamento ou resultado, essenciais à consumação do crime, Pizarro Beleza, Teresa, *Maus tratos conjugais: art.º 153, n.º 3 do Código Penal*, AAFDL, Lisboa, 1989, p. 25.

[94] Contrariamente, para o Professor Germano Marques da Silva, *o dolo específico relativamente a certos crimes, aos elementos essenciais e gerias do dolo acresça a exigência de um determinado fim subjectivo do agente. Não é propriamente dolo com um fim que acresce ao dolo genérico, mas elemento subjectivo específico de determinados crimes que exigem para além da consciência e vontade da prática dos elementos objectivos do crime ainda uma determinada intenção ou propósito do agente*, Marques da Silva, Germano, *Direito Penal Português, Parte Geral, Teoria do Crime*, Vol. II, 2.ª Edição, Revista e Actualizada, Editorial VERBO, Lisboa, 2005, p. 107.

[95] Para que o tipo legal ficasse preenchido, não só era necessário o preenchimento dos requisitos gerais do dolo, dispostos no artigo 14.º do CP, como também era necessário vislumbrar-se uma clara vontade de mal tratar a vítima que se encontrava dominada sob a sua autoridade.

poder de correção dos maus tratos que se incluiu no tipo legal a necessidade de existir malvadez ou egoísmo na conduta do agente.

Através do enunciado normativo supra mencionado verifica-se, ainda que, a conduta do agente podia qualificar-se por um crime de mera atividade[96] ou de resultado[97], bem como de perigo[98] ou de dano[99]. Como bem sabemos, *em função do resultado ou da sua dispensabilidade, os tipos de crimes distinguem-se em crimes de mera atividade ou omissão pura, por um lado, e crimes de resultado, por outro lado*[100]. E, *em função da lesão do bem jurídico, os tipos criminais podem ser de perigo ou de dano*[101].

É de notar que o crime pautado no artigo 153.º do Código Penal de 1982 qualificava-se por um crime específico impróprio, face ao facto de exigir, para o completo preenchimento do tipo, uma relação entre o agente e a vítima. Sem essa relação, qualquer situação de maus tratos, reconduzia-se aos crimes contra a integridade física dispostos nos artigos 142.º ss do Código Penal de 1982.

Ademais, ainda que não estivesse consagrado de forma expressa, o artigo 153.º do Código Penal de 1982 exigia, para que se preenchesse o tipo penal, a reiteração e continuidade da conduta[102]. Situação, aliás, que só se veio a alterar com a Reforma de 2007, pela Lei n.º 59/2007, de 4 de setembro.

Finalmente, a par da natureza que é atualmente atribuída ao crime de Violência Doméstica, também o crime disposto no enunciado normativo 153.º do Código Penal de 1982 caracterizava-se por um crime de natureza pública, ou seja, para que se desse início a um procedimento criminal não era necessário que a vítima apresentasse queixa, nem mesmo que se constituísse como assistente, bastando a denúncia por

[96] No caso, por exemplo, de exercer sobrecarga de trabalhos excessivos a um menor de 16 anos.

[97] No caso, por exemplo, de praticar maus tratos físicos ao cônjuge.

[98] No caso, por exemplo, de praticar maus tratos físicos, que compreendam ofensas à integridade física de um menor de 16 anos.

[99] No caso, por exemplo, de empregar um menor de 16 anos em atividades perigosas.

[100] Palma, M.ª Fernanda, Direito Penal Parte Geral, A teoria geral da infração como teoria da decisão penal, 5.ª Edição, AAFDL, Lisboa, 2020, p. 99.

[101] Palma, M.ª Fernanda, Direito Penal Parte Geral, A teoria geral da infração como teoria da decisão penal, 5.ª Edição, AAFDL, Lisboa, 2020, p. 99.

[102] Exemplo disso mesmo são as expressões e verbos utilizados pelo legislador, designadamente "tratar cruelmente" ou "não prestar cuidados".

parte de qualquer pessoa que tivesse conhecimento da prática do crimes de maus tratos.

Com a Reforma de 1995, introduzida através do DL n.º 48/95, de 15 de março, o artigo 152.º do Código Penal de 1982 foi sujeito a algumas alterações. Por essa razão, passou a determinar que, *1 – quem, tendo ao seu cuidado, à sua guarda, sob a responsabilidade da sua direção ou educação, ou como subordinado por relação de trabalho, pessoa menor, incapaz, ou diminuída por razão de idade, doença, deficiência física ou psíquica e: a) lhe infligir maus tratos físicos ou psíquicos ou a tratar cruelmente; b) a empregar em actividades perigosas, desumanas ou proibidas; ou c) a sobrecarregar com trabalhos excessivos; é punido com pena de prisão de 1 a 5 anos, se o facto não for punível pelo artigo 144.º; 2 – a mesma pena é aplicável a quem infligir ao cônjuge ou a quem com ele conviver em condições análogas às dos cônjuges maus tratos físicos ou psíquicos. O procedimento criminal depende de queixa. 3 – se dos factos dos números anteriores resultar: a) ofensa à integridade física rave, o agente é punido com pena de prisão de 2 a 8 anos; b) a morte, o agente é punido com pena de prisão de 3 a 10 anos.*

Ora, pela enunciação acima mencionada verifica-se que o legislador de 95, tomou consciência da necessidade de prever a possibilidade dos maus tratos, irem para além dos maus tratos físicos, punindo também, por isso, as ofensas ou maus tratos psíquicos[103]. Ademais, ao aumentar o leque de sujeitos ativos[104], viabilizou, consequentemente, o aumento de sujeitos passivos possíveis de integrar a norma habilitante, sendo assim possível, punir os maus tratos a idosos – *em razão da sua idade* – cometidos tanto no seio familiar, como nas casas de acolhimento, vulgarmente,

[103] *Com a Reforma de 1995, os maus tratos psíquicos passaram a estar contemplados com um leque mais alargado de condutas, como humilhações, provocações, ameaças (de natureza física ou verbal), insultos, privações ou limitações arbitrárias da liberdade de movimentos, ou seja, condutas que revelam desprezo pela condição humana do parceiro, podendo provocar sentimentos de culpa ou de fraqueza mas não, necessariamente, um sofrimento psicológico,* Ac. TRP, de 29 de fevereiro de 2012, Proc. n.º 368/09.3PQPRT.P1, Relator: Joaquim Gomes, disponível em: www.dgsi.pt.

[104] *Consciente, por outro lado, de que a necessidade de punir criminalmente também se deve estender aos agentes de maus tratos de para com pessoas idosas ou doentes, deixou de restringir a função tuteladora da norma às pessoas (vítimas) que se encontrem, para com o agente, numa relação de subordinação familiar, educativa ou laboral – assim, em vez de "O pai, mãe, tutor de menor de 16 anos" do n.º 1 do art. 153.º da redacção primitiva do CP de 1982, surge, agora, "Quem, tendo a seu cuidado... diminuída por razão da idade, doença...",* Taipa de Carvalho, Américo, *Código Penal Parte Especial* Tomo I Artigos 131.º a 201.º (coord. Figueiredo Dias), Coimbra Editora, Coimbra, 1999, p. 329 a 339.

designados por lares. Foi ainda eliminada a expressão *malvadez ou egoísmo*, bastando por isso, o dolo[105] na conduta do agente. E, finalmente, a moldura penal foi substancialmente elevada.

Desta forma, segundo o Professor Taipa de Carvalho, não puderam mais ser dirigidas (contra o Código Penal de 1995) *as justas críticas que Rosal Blasco teceu contra a reforma de 1989 do Código Penal espanhol: "é inexplicável que tenha deixado de fora do* âmbito *da protecção do tipo penal os ascendentes, apesar do grave problema que existe, neste ponto, na relação com os idosos, e que tenha restringido o tipo ao* âmbito das *violências físicas, sem abranger, portanto, os casos de coacções, ameaças ou outro tipo de violências psíquicas, que também podem estar presentes (...) e, de facto, o estão com maior frequência do que se imagina."*[106].

No entanto, nem todas as alterações levadas à cabo pelo legislador de 95 foram totalmente felizes. O caso paradigmático de retrocesso, fundamenta-se na exigência de queixa – no caso dos maus tratos entre cônjuges – para se dar início ao processo criminal. Esta alteração de procedimento, modificou, concludentemente, a natureza do crime em causa, passando de um crime público para um crime semipúblico, o qual vigorou até à reforma de 2007.

Também neste contexto, a Lei n.º 65/98, de 2 de setembro, que deu lugar à Reforma de 1998, registou alterações no que respeita ao procedimento nos crimes de Violência Doméstica. Nesta senda, permitiu-se que o Ministério Público desse início ao procedimento criminal mesmo que não existisse nenhuma queixa apresentada, caso se verificassem dois pressupostos cumulativos, designadamente, quando *o interesse da vítima*[107] assim o impusesse e quando não existisse *oposição do ofendido antes de ser deduzida acusação*[108]. Ainda que esta alteração tenha auxiliado as vítimas de Violência Doméstica, a verdade é que a abertura do proce-

[105] *Basicamente..., o dolo corresponde ao conhecimento e à vontade de praticar um certo acto que é tipificado na lei como crime*, Pizarro Beleza, Teresa, *Direito Penal*, Vol. 2.º, AAFDL, Lisboa, 2000, p. 180.

[106] Taipa de Carvalho, Américo, *Código Penal Parte Especial*, Tomo I, Artigos 131.º a 201.º (coord. Figueiredo Dias), Coimbra Editora, 1999, p. 329 a 339.

[107] Cfr. Artigo 152/2.º CP alterado pela Lei n.º 65/98, de 2 de setembro, disponível em www.pgdlisboa.pt.

[108] Cfr. Artigo 152/2.º CP alterado pela Lei n.º 65/98, de 2 de setembro, disponível em www.pgdlisboa.pt.

dimento ainda se encontrava bastante condicionada, tendo permanecido assim, até 2007.

Ora, a reforma de 2007, integrada no ordenamento jurídico português através da Lei 59/2007, de 4 de setembro, foi, sem qualquer dúvida, a reforma legislativa penal que implementou as mais significativas alterações, no que diz respeito ao crime de Violência Doméstica.

Desde logo, porque foi por intermédio desta que o crime disposto no artigo 152.º Código Penal de 1995, com a epígrafe *Maus tratos e infracção de regras de segurança,* se *salomatizou*[109] no crime de Violência Doméstica e no crime de Maus tratos. Esta divisão, teve por base uma necessidade clara de distinguir entre os maus tratos consumados no seio familiar e/ou numa relação afetiva, na qual subsiste uma relação de proximidade e de dependência, dos maus tratos exercidos por alguém que tem *ao seu cuidado, à sua guarda, sob responsabilidade da sua direção ou educação ou a trabalhar ao seu serviço.*

Ademais, foi através da Lei n.º 59/2007, de 4 de setembro que se eliminou a exigência de reiteração na conduta do agente[110], passando a constar, de forma expressa que *quem, de modo reiterado ou não, infligir maus tratos físicos ou psíquicos, incluindo castigos corporais, privações da liberdade e ofensas sexuais* (...) é punido com *pena de prisão de um a cinco anos, se pena mais grave lhe não couber por força de outra disposição legal.* Aliás, *conforme já vinha sendo salientado antes da revisão do Código Penal pela Lei n.º 59/2007, de 04/09, o preenchimento deste tipo legal de crime não se basta, em princípio, com uma ação isolada, embora também não se exija a habitualidade da conduta. Na verdade, o crime realiza-se normalmente com a reiteração do comportamento de maus tratos físicos ou psíquicos, em determinado período de tempo. (...) Todavia, a verificação de tal crime não exige uma conduta plúrima e repetitiva ou a reiteração da conduta agressiva, já que a punição sempre ocorrerá quando a gravidade das agressões se assumir como suficiente para poder ser enquadrada na figura*

[109] Recorrendo à sentença decretada por Salomão.

[110] *Conforme se refere na Exposição de Motivos da Proposta de Lei n.º 98/X, que esteve na origem da Lei n.º 59/2007, «na descrição típica da violência doméstica e dos maus tratos, recorre-se, em alternativa, às ideias de reiteração e intensidade, para esclarecer que não é imprescindível uma continuação criminosa». Sendo tipicamente um crime de reiteração, admite-se, porém, que um singular comportamento bastará para integrar o crime quando assuma uma dimensão manifestamente ofensiva da dignidade pessoal da vítima, enquanto cônjuge,* disponível em, www.parlamento.pt.

de maus tratos físicos ou psíquicos, enquanto violação da pessoa individual e da sua dignidade humana, com afectação da sua saúde (física ou psíquica)[111].

Assistiu-se, também, a uma clara ampliação dos sujeitos passivos passíveis de integrar a esfera aplicacional do crime de Violência Doméstica, conforme se verifica pelas alíneas do número 1, do artigo 152.º CP. Neste contexto é de destacar, desde logo, a alínea a), que determinava que não só o cônjuge mal tratado pode estar sob a proteção do crime de Violência Doméstica, como também o próprio ex-cônjuge, como também a alínea b), a qual demonstrou um avanço social tremendo, passando a consagrar que *a pessoa de outro ou do mesmo sexo com quem o agente mantenha ou tenha mantido uma relação análoga à dos cônjuges, ainda que sem coabitação*[112], e na qual tenha sofrido maus tratos, estava sob a alçada do crime de Violência Doméstica.

Simultaneamente, presenciou-se um aumento das penas acessórias possíveis de aplicar no âmbito da Violência Doméstica, podendo ser *aplicadas ao arguido as penas acessórias de proibição de contacto com a vítima*[113] *e de proibição de uso e porte de armas, pelo período de seis meses a cinco anos, e de obrigação de frequência de programas específicos de prevenção da violência doméstica*[114] e, ainda, inibição *do exercício do poder paternal, da tutela ou da curatela, por um período de um a dez anos*[115].

Ademais, com a Reforma de 2007, a coabitação deixou de ser exigida como critério de preenchimento do tipo penal *e, consequentemente, de se exigir a ideia de comunhão de cama e habitação*[116].

Finalmente, e seguindo aliás, a ideia já prosseguida na Reforma de 1995, as molduras penais sofreram um aumento substancial, reiterando, desta forma, a gravidade da conduta prevista no enunciado normativo sobredito.

[111] Ac. TRC, de 7 de fevereiro de 2018, Proc. n.º 663/16.5PBCTB.C1, Relator: Brízida Martins, disponível em www.dgsi.pt.

[112] Reconhecendo-se, assim, proteção a relações entre pessoas do mesmo sexo e uniões de facto.

[113] Cumpre esclarecer que o número 5 do artigo 152.º CP previa *que a pena acessória de proibição de contacto com a vítima pode incluir o afastamento da residência ou do local de trabalho desta e o seu cumprimento pode ser fiscalizado por meios técnicos de controlo à distância.*

[114] Em concordância com o número 4, do artigo 152.º CP.

[115] Caso se verifiquem os requisitos dispostos no número 6 do artigo 152.º CP.

[116] Ac. TRC, de 24 de abril de 2012, Proc. n.º 632/10.9PBAVR.C1, Relator: Orlando Gonçalves, disponível em www.dgsi.pt.

A Lei n.º 19/2013, de 21 de fevereiro veio alterar a alínea b), do número 1, do artigo 152.º CP, consagrando que *quem, de modo reiterado ou não, infligir maus tratos físicos ou psíquicos, incluindo castigos corporais, privações da liberdade e ofensas sexuais a pessoa de outro ou do mesmo sexo com quem o agente mantenha ou tenha mantido uma relação de namoro ou uma relação análoga à dos cônjuges, ainda que sem coabitação é punido com pena de prisão de um a cinco anos, se pena mais grave lhe não couber por força de outra disposição legal.* Ora, cumpre esclarecer que as relações de namoro *terão que ser relações sentimentais, afetivas, íntimas e tendencialmente estáveis ou duradouras, que ultrapassam a mera amizade ou relações fortuitas, não se exigindo, todavia, um projeto futuro de vida em comum, na medida em que as relações de namoro não têm, em princípio, a pretensão de preencher todas as características associadas à conjugalidade, como seja o futuro de vida em comum*[117], ou seja, é necessário a existência de uma relação de proximidade afetiva e de compromisso[118], semelhante, com as devidas particularidades, à dos cônjuges.

Mais recentemente, através da Lei n.º 44/2018, de 9 de agosto, o legislador, atento à evolução dos tempos, acrescentou a alínea b), do número 2, do artigo 152.º CP, punido através de uma agravante quem, para além de infligir maus tratos físicos ou psíquicos, *difundir através da internet ou de outros meios de difusão pública generalizada, dados pessoais, designadamente imagem ou som, relativos à intimidade da vida privada de uma das vitimas sem o seu consentimento é punido com pena de prisão de dois a cinco anos,* tendo sido essa, aliás, a última alteração legislativa que o artigo 152.º CP sofreu até aos dias de hoje.

2. Análise material

A par das alterações legislativas ao enunciado normativo 152.º CP – que resultaram no constante desenvolvimento do tipo penal sobredito –, o bem jurídico[119] protegido pelo crime de Violência Doméstica também foi objeto de sucessivas evoluções.

[117] Ac. TRE, de 26 de julho de 2018, Proc. n.º 9/17.5GBABF.E1, Relator: Maria Isabel Duarte, disponível em www.dgsi.pt.

[118] Ou dito de outra forma, *aceitação e vontade real de participação e permanência nesse vínculo sentimental e afetivo,* Ac. TRE, de 26 de julho de 2018, Processo n.º 9/17.5GBABF.E1, Relator: Maria Isabel Duarte, disponível em www.dgsi.pt.

[119] Importa destacar, neste contexto, a divergência teórica, ainda hoje visível, na análise do conceito material de crime, designadamente, no que diz respeito ao objeto da infração

Como sabemos, *o bem jurídico é definido como expressão de um interesse, da pessoa ou da comunidade, na manutenção ou integridade de um certo estado, objeto ou bem em si mesmo socialmente relevante e por isso juridicamente reconhecido como valioso*[120].

Nas palavras do Professor Germano Marques da Silva, *as normas penais tutelam bens jurídicos: não há normal penal, proibitiva ou impositiva, que não se destine a tutelar bens jurídicos*[121]. Todavia, *as normas penais não descrevem, em regra, os bens jurídicos protegidos (...), mas tão-só os factos lesivos desses bens*[122]. Ora, ao não se determinar – na norma penal – o bem jurídico protegido, o sistema jurídico-penal português permite ao intérprete-aplicador, através a multiplicidade hermenêutica, a definição do bem jurídico subjacente à norma penal concreta.

No que diz respeito ao bem jurídico do crime de Violência Doméstica está, neste momento, inteiramente afastada a possibilidade do bem jurídico em consideração estar ligado à defesa da família ou das relações familiares. Apesar de ser neste círculo que se situa o comportamento

criminal, Costa Andrade, Manuel, *Consentimento e Acordo em Direito Penal*, Coimbra Editora, Coimbra, 1991, pp. 42-133. *As grandes alternativas que se perfilam foram a definição do objeto da infração criminal como violação de certos direitos subjetivos (FEUERBACH) ou como violação de determinados bens jurídicos (BIRNBAUM). O confronto entre estas duas perspetivas revela uma diferença quanto ao elemento a que se refere a legitimação do Direito Penal. No primeiro caso, trata-se da estrutura liberal-contratualista que somente justifica a intervenção penal onde os direitos humanos básicos que o contrato social visa assegurar foram violados. No segundo caso, a referência legitimadora é já uma estrutura estatal, não liberal, a comunidade e os seus valores.* Assim, enquanto na primeira tese se defende que a infração criminal é dissolvida na *proteção da liberdade individual*, na perspetiva de Birnbaum, apoiada no conceito de bem jurídico, define a infração pela *lesão objetiva de valores da comunidade*. Ora, como sabemos, foi esta última teoria que ganhou mais adeptos e, por conseguinte, prevaleceu no Direito Penal. Assim, para que uma conduta ilícita seja considerada crime e, concludentemente, punida pelo Direito Penal, é necessário que o bem jurídico protegido por uma certa norma penal tenha sido posto em causa, Palma, M.ª Fernanda, *Direito Penal, Conceito material de crime, princípios e fundamentos, Princípio da legalidade: interpretação da lei penal e aplicação da lei penal no tempo*, AAFDL Editora, Lisboa, 2016, pp. 35-49.

[120] Figueiredo Dias, Jorge, *Direito Penal, Parte Geral, Questões Fundamentais, A Doutrina Geral do Crimes*, Tomo I, 2.ª Edição, Coimbra Editora, Coimbra, 2007, p. 308.

[121] Marques da Silva, Germano, *Direito Penal Português, Parte Geral, Teoria do Crime*, Vol. II, 2.ª Edição, Revista e Actualizada, Editorial VERBO, Lisboa, 2005, pp. 22-23.

[122] Marques da Silva, Germano, *Direito Penal Português, Parte Geral, Teoria do Crime*, Vol. II, 2.ª Edição, Revista e Actualizada, Editorial VERBO, Lisboa, 2005, pp. 22-23.

típico, só os interesses do sujeito passivo merecem a proteção conferida pela disposição penal[123].

A posição maioritária, tanto na doutrina[124] como na jurisprudência[125], defendem que o bem jurídico protegido pelo crime de Violência Doméstica se particulariza dos demais, pelo seu carácter complexo e plural, face ao facto de proteger vários tipos de bens jurídicos[126], os quais, se unificam num só bem jurídico, a saúde. Nas palavras de Américo Taipa de Carvalho, *deve entender-se que o bem jurídico protegido por este tipo de crime é a saúde – bem jurídico complexo que abrange a saúde física, psíquica e mental; e bem jurídico este que pode ser afectado por toda a multiplicidade de comportamentos que impeçam ou dificultem o normal e saudável desenvolvimento da personalidade da criança ou do adolescente, agravem as deficiências destes, afectem a dignidade pessoal do cônjuge (ex-cônjuge, ou pessoa com quem o agente mantenha ou tenha mantido uma relação análoga à dos cônjuges), ou prejudiquem o possível bem-estar dos idosos ou doentes que, mesmo que não sejam familiares do agente, com este coabitem"*[127]. Segundo esta tese, para se preencher o tipo do enunciado normativo 152.º do CP, é necessário que a conduta do agente ofenda ou coloque em perigo[128] a saúde do sujeito passivo.

[123] Neste sentido: Ac. STJ, 5 de novembro de 2018, Processo n.º 08P2504, Relator: Maia Costa, disponível em www.dgsi.pt e Brandão, Nuno, A Tutela Penal Especial Reforçada da Violência Doméstica, JULGAR, n.º 12 (especial), 2010, p. 6. disponível em www.julgar.pt.

[124] Neste sentido, Taipa de Carvalho, Américo, *Código Penal Parte Especial,* Tomo I, Artigos 131.º a 201.º (coord. Figueiredo Dias), Coimbra Editora, 1999, p. 332; Taipa de Carvalho, Américo, *Comentário Conimbricense do Código Penal, Parte Especial,* artigos 131.º a 201.º, Tomo I, 2.ª Edição, Coimbra Editora, Coimbra, 2012, pp. 511-512; Sá Gomes, Catarina, *O crime de maus tratos físicos e psíquicos infligidos ao cônjuge ou ao convivente em condições análogas* às *dos cônjuges,* 1.ª reimpressão, AAFDL Editora, Lisboa, 2004, p. 102; Reis Bravo, Jorge *A actuação do Ministério Público no âmbito da Violência Doméstica,* Revista do Ministério Público n.º 102 – abril/junho 2005, pp. 45-77; e outros.

[125] Neste sentido, Ac. TRP, de 06 de fevereiro de 2013, Proc. n.º 2167/10.0PAVNG.P1, Relator: Coelho Vieira; Ac. TRP, de 28 de abril de 2010, Proc. n.º 13/07.1GACTB.C1, Relator: Alberto Mira; e outros disponíveis em www.dgsi.pt.

[126] *O bem jurídico protegido é plural e complexo, visando essencialmente a saúde, entendida nas vertentes de saúde física, psíquica e/ou mental* (...), Ac. TRL, de 17 de abril de 2013, Proc. n.º 790/09.5GDALM.L1-3, Relator: Maria da Graça Santos Silva, disponível em www.dgsi.pt.

[127] Taipa de Carvalho, Américo, *Comentário Conimbricense do Código Penal, Parte Especial,* artigos 131.º a 201.º, Tomo I, 2.ª Edição, Coimbra Editora, Coimbra, 2012, pp. 511-512.

[128] Outra das querelas doutrinárias baseia-se na discussão do tipo de crime em causa no enunciado normativo 152.º CP. Enquanto parte da doutrina defende que estamos perante um crime de perigo, outra defende que estamos mediante um crime de dano.

Mais recentemente, tem-se vislumbrado o crescimento de uma nova corrente doutrinal[129] e jurisprudencial[130]. Esta posição alarga amplamente o objeto da tutela do crime de violência doméstica, reconduzindo-o à dignidade da pessoa humana[131]. Defendem que, face ao facto do bem jurídico em causa caracterizar-se pela suscetibilidade *de ser afectado por toda uma diversidade de comportamentos, desde que impeçam ou dificultem o normal desenvolvimento ou afectem a dignidade pessoal e individual* da vítima, o bem jurídico do crime de Violência Doméstica não pode se não consubstanciar-se na proteção da dignidade humana. Dizem ainda que, *nesta conformidade, podemos assentar e partindo do bem jurídico aqui tutelado que os maus tratos proibidos pelo crime de violência doméstica têm sempre subjacente um tratamento degradante ou humilhante de uma pessoa, de modo a eliminar ou a limitar claramente a sua condição humana, reduzindo-a praticamente à categoria de coisa*[132]. É, por isso, *frequente a afirmação de que "o bem jurídico protegido pela incriminação é, em geral, o da dignidade humana e, em particular, o da saúde"*[133].

Em sentido contrário a esta linha de pensamento, Nuno Brandão, julga dificilmente sufragável o entendimento que defende que o *bem jurídico a que o crime de violência doméstica se encontra adstrito é em primeira linha a dignidade humana.* Ainda que não tenha qualquer dúvida quanto ao facto da dignidade pessoal da vítima se encontrar, certamente, na base do ilícito criminal da Violência Doméstica, defende que *a dignidade humana* [não] *deve ser erigida a específico bem jurídico da violência doméstica.* Para este autor, *a dignidade humana como valor fundante e transversal a todo o sistema jurídico não está em condições de desempenhar a função de específico referente e padrão crítico da criminalização que deve ser própria de um bem jurídico-penal* [134] [135].

[129] Neste sentido, Silva Dias, Augusto, *Materiais para o estudo da Parte Especial do Direito Penal, Crimes contra a vida e a integridade física*, 2.ª Edição, AAFDL Editora, Lisboa, 2007, p. 110 e Feitor, Sandra, *Análise crítica do crime de violência doméstica*, 2012, disponível em www.fd.unl.pt.

[130] Ac. TRC, de 20 de janeiro de 2016, Proc. n.º 835/13.4GCLRA.C1, Relator: Alice Santos disponível em www.dgsi.pt e outros.

[131] Fernandes Catarina, *Violência Doméstica, implicações sociológicas, psicológicas e jurídicas do fenómeno,* Manual Pluridisciplinar, Centro de Estudos Judiciários, (coord. Guerra, Paulo e Gago, Lucília), Caderno Especial, Lisboa, abril 2016, pp. 86-87, disponível em www.cej.mj.pt.

[132] Ac. TRP, de 29 de fevereiro de 2012, Proc. n.º 368/09.3PQPRT.P1, Relator: Joaquim Gomes, disponível em: www.dgsi.pt.

[133] Brandão, Nuno, A Tutela Penal Especial Reforçada da Violência Doméstica, JULGAR, n.º 12 (especial), 2010, p. 6. disponível em www.julgar.pt.

[134] Brandão, Nuno, A Tutela Penal Especial Reforçada da Violência Doméstica, JULGAR, n.º 12 (especial), 2010, p. 6. disponível em www.julgar.pt.

Em menor linha, Moreira das Neves defende que o bem jurídico em causa na norma penal 152.º CP materializa-se na integridade pessoal. Para este autor, caso se defina a saúde como bem jurídico do comportamento ilícito tutelado pelo crime de Violência Doméstica, ficar-se-á *aquém da dimensão que a Constituição dá aos direitos que este tipo de ilícito visa tutelar,* concluindo, neste sentido, que o bem jurídico a tutelar deve concretizar-se na integridade pessoal.

Também sem apoiantes, André Lamas Leite defende que o bem jurídico do enunciado normativo 152.º CP é uma concretização do direito fundamental da integridade pessoal *(art.25.º da Constituição), mas também do direito ao livre desenvolvimento da personalidade (art.26.º, n.º 1, da Constituição), nas dimensões não recobertas pelo art.25.º, da lei fundamental, ambos emanações directas do princípio da dignidade da pessoa humana*[136].

Importa também fazer referência ao facto de existir na doutrina quem entenda que o crime de Violência Doméstica é constituído por bens jurídicos múltiplos, já que este crime se pode traduzir em várias vertentes – contra a integridade física e psíquica, a honra, a liberdade pessoal e a autodeterminação sexual[137].

Ora, atendendo à forma como o bem jurídico é posto em causa pela conduta do agente distingue-se entre crimes de dano e crimes de perigo[138].

Em função da lesão do bem jurídico, os tipos criminais podem ser de perigo ou de dano, conforme requeiram, para que a tipicidade se consubstancie, uma mera criação de perigo (efetivo ou presumido) ou um dano lesivo do bem jurídico[139].

135 Tese por nós inteiramente defendida, uma vez que, a nosso ver, a dignidade humana apresenta-se como um conceito demasiado amplo – aliás, é base de todo o nosso ordenamento jurídico – para cumprir, eficazmente, o objetivo prosseguido por um bem jurídico. Desta forma, julgamos, salvo o devido respeito, equívoca a corrente doutrinal e jurisprudencial que defende que o bem jurídico da disposição penal em causa se baseia na dignidade humana e, especialmente, na saúde. É saúde, e só a saúde, o bem jurídico em causa nesta norma penal.

136 Lamas Leite, André, *A violência relacional íntima: reflexões cruzadas entre o direito e a criminologia*, Julgar, n.º 12 (especial), 2010, pp. 25-66, disponível em www.julgar.pt.

137 Neste sentido: Pinto de Albuquerque, Paulo, *Comentário do Código Penal à luz da Constituição da República e da Convenção Europeia dos Direitos do Homem*, Universidade Católica Editora, Lisboa, 2010, p. 464.

138 Neste sentido: Figueiredo Dias, Jorge, *Direito Penal, Parte Geral, Questões Fundamentais, A Doutrina Geral do Crimes,* Tomo I, 2.ª Edição, Coimbra Editora, Coimbra, 2007, pp. 308-312.

139 Palma, M.ª Fernanda, Direito Penal Parte Geral, A teoria geral da infração como teoria da decisão penal, 5.ª Edição, AAFDL, Lisboa, 2020, p. 99.

Assim, os crimes de perigo, *por oposição aos crimes de dano, são aqueles em que a actuação típica consiste em agir de modo a criar perigo de lesão de determinados bens jurídicos, não dependendo o preenchimento do tipo de ocorrência de lesão*[140]. Dito por outras palavras, *enquanto nos crimes de dano a realização do tipo incriminador tem como consequência uma lesão efectiva do bem jurídico, (...) nos crimes de perigo a realização do tipo não pressupõe a lesão, mas antes se basta com a mera colocação em perigo do bem jurídico*[141]. Importa ainda clarificar que, o crime de perigo pode assumir três vertentes: crime de perigo concreto[142], crime de perigo abstracto[143] e, mais recentemente, o crime de perigo-abstracto[144].

Ora, ainda que a distinção entre o crime de dano e o crime de perigo pareça clara e inequívoca, no tipo penal disposto no enunciado normativo 152.º CP, a questão não é assim tão simples, havendo, por isso, quem defenda que o crime de Violência Doméstica se caracteriza por um

[140] PATRÍCIO, Rui, *Crimes de Perigo (Breves notas, a propósito do Ac. TRL de 21 de abril de 1999)*, p. 2, disponível em www.mlgts.pt.

[141] FIGUEIREDO DIAS, Jorge, *Direito Penal, Parte Geral, Questões Fundamentais, A Doutrina Geral do Crimes*, Tomo I, 2.ª Edição, Coimbra Editora, Coimbra, 2007, pp. 308-312.

[142] *Nos crimes de perigo concreto o perigo faz parte do tipo, isto é, o tipo só é preenchido quando o bem jurídico tutelado tenha efectivamente sido posto em perigo. É o caso do artigo 138.º (exposição ou abandono), em que é elemento do tipo o "colocar em perigo a vida de outra pessoa": só haverá crime de exposição ou abandono quando se comprove que o bem jurídico vida foi realmente posto em perigo*, FIGUEIREDO DIAS, Jorge, *Direito Penal, Parte Geral, Questões Fundamentais, A Doutrina Geral do Crimes*, Tomo I, 2.ª Edição, Coimbra Editora, Coimbra, 2007, pp. 308-312.

[143] *Nos crimes de perigo abstracto o perigo não é elemento do tipo, mas simplesmente motivo da proibição. Quer dizer, neste tipo de crimes são tipificados certos comportamentos em nome da sua perigosidade típica para um bem jurídico, mas sem que ela necessite de ser comprovada no caso concreto: há como que uma presunção inelidível de perigo e, por isso, a conduta do agente é punida independentemente de ter criado ou não um perigo efectivo para o bem jurídico. (...) Temos como exemplo a condução do veículo em estado de embriaguez (artigo 292.º), em que o condutor embriagado é punido pelo facto de o estado em que se encontra constituir um perigo potencial para a segurança rodoviária*, FIGUEIREDO DIAS, Jorge, *Direito Penal, Parte Geral, Questões Fundamentais, A Doutrina Geral do Crimes*, Tomo I, 2.ª Edição, Coimbra Editora, Coimbra, 2007, pp. 308-312.

[144] Nos crimes de perigo abstracto-concreto *está em causa a susceptibilidade da conduta típica causar perigo, mas não é necessária a verificação para o preenchimento do tipo, admitindo-se, porém, a elisão da previsão ou presunção de perigo, mostrando a inexistência do mesmo, ou, melhor mostrando não ser, no caso, a conduta susceptível de o provocar*, PATRÍCIO, Rui, *Crimes de Perigo (Breves notas, a propósito do Ac. TRL de 21 de Abril de 1999)*, p. 3, disponível em www.mlgts.pt. Assim, enquanto no crime de perigo abstrato o perigo é presumido iuris et de iure pela lei, no crime de perigo abstrato-concreto o perigo é presumido iuris tantum.

crime de dano e quem, pelo contrário, argumenta que estamos perante um crime de perigo abstrato.

A maioria da doutrina defende que o crime de Violência Doméstica consubstancia-se num crime de perigo abstrato. Para tal, argumentam que o é *o perigo para a saúde do objecto de acção alvo da conduta agressora que constitui motivo da criminalização, pretendendo-se deste modo oferecer uma tutela antecipada ao bem jurídico em apreço, própria dos crimes de perigo abstracto*[145]. Dito por outras palavras, o bem jurídico saúde é tutelado por antecipação, de modo a garantir *as suas condições de subsistência ou de um certo ambiente em seu redor*[146].

Neste contexto, importa mencionar a querela vigorante na doutrina portuguesa, no que diz respeito ao elemento perigo, nos crimes de perigo abstrato. Diz-nos Figueiredo Dias que, *nesta espécie de crimes o perigo é presumido iure et de iure pela lei*[147], querendo com isto dizer que, a averiguação sobre a efetiva perigosidade da conduta do agente é desnecessária, uma vez que a própria lei presume, de forma inilidível, a sua existência[148]. Em sentido oposto, Rui Carlos Pereira, afirma que *esta asserção – cujo alcance prático no âmbito processual é evidente – tem vindo a ser posta em causa por parte da doutrina alemã, que reputa de atípicas as condutas em que, de antemão, não haja a mínima perigosidade*[149]. Para este autor, o perigo tutelado pela norma penal reconduz-se a uma *cláusula de exigência mínima*, restringindo, desta forma, o âmbito-aplicacional do perigo tutelado, estritamente, às condutas que revelem um nível de perigosidade mínimo.

Em sentido contrário, outra parte da doutrina[150], julga estarmos mediante um crime de dano. Para esta corrente, quando existem maus

[145] Brandão, Nuno, A Tutela Penal Especial Reforçada da Violência Doméstica, JULGAR, n.º 12 (especial), 2010, p. 6. disponível em www.julgar.pt.

[146] Patrício, Rui, *Crimes de Perigo (Breves notas, a propósito do Ac. TRL de 21 de abril de 1999)*, p. 2, disponível em www.mlgts.pt.

[147] Figueiredo Dias, Jorge, *Direito Penal, Parte Geral, Questões Fundamentais, A Doutrina Geral do Crimes*, Tomo I, 2.ª Edição, Coimbra Editora, Coimbra, 2007, pp. 308-312.

[148] Acompanhamos, integralmente, esta linha de pensamento. A nosso ver, nos crimes de perigo abstrato basta a concretização da conduta típica por parte do agente, para que se presuma legal e iniludivelmente o perigo.

[149] Pereira, Rui Carlos, *O dolo do perigo (contribuição para a dogmática da imputação subjectiva nos crimes de perigo concreto)*, Editora LEX, Lisboa, 1995, p. 25.

[150] Pinto de Albuquerque, Paulo, *Comentário do Código Penal* à *luz da Constituição da República e da Convenção Europeia dos Direitos do Homem*, Universidade Católica Editora, Lisboa, 2008, p. 352 ss.

tratos domésticos (sejam eles psíquicos, físicos ou sexuais), o sujeito passivo não se encontra a usufruir da sua saúde mental e familiar, o que provoca um dano evidente e concretizável ao bem jurídico do crime de Violência Doméstica.

Ainda que compreendamos as duas linhas de pensamento[151], não acompanhamos, com o devido respeito, as asserções defendidas. A nosso ver, o crime de Violência Doméstica não se reconduz a um crime de perigo abstrato, nem a um crime de dano, mas sim a um crime de perigo abstrato-concreto. Isto porque se é verdade que existem, por vezes, tensões familiares que, através do elemento perigo, podem preencher a conduta típica, *iure et de iure*, de forma incorreta[152] – uma vez que, o perigo criado não preenche, em nenhuma medida o perigo a acautelar pelo tipo legal em causa –, também é verdade que a imprescindibilidade de existência de dano, não cumpre, de todo, o fim prosseguido pelo crime de Violência Doméstica, o qual pretende proteger, de antemão, a saúde dos sujeitos passivos.

Ora, como atrás fizemos referência, nos crimes de perigo abstrato-concreto, está em causa, a passibilidade do comportamento típico causar perigo – não sendo, todavia, necessária à sua verificação para o correto preenchimento do tipo. Porém, admite-se a supressão da presunção do perigo, expondo que a conduta prosseguida pelo agente é insuscetível de causar, naquele caso em concreto, perigo. Desta forma, ainda que a conduta típica para causar perigo ao bem jurídico se materialize, o agente pode ilidir a presunção (*iures tantum*) e provar que o comportamento por si prosseguido é irrelevante jurídico-penalmente.

Vejamos a seguinte situação: A castiga o filho, B, e priva-o da liberdade.

Para quem defende que o crime de Violência Doméstica se consubstancia num crime de dano, era necessário que A fechasse B numa divisória

[151] Em especial a tese que defende a natureza do bem jurídico de Violência Doméstica como um crime de perigo abstrato, uma vez que, ao existir presunção legal *iure et de iure* a vítima adquire uma proteção muito mais satisfatória. Isto porque, através dessa presunção legal, a partir do momento em que se prove que o bem jurídico saúde esteve em perigo, estamos mediante um crime de Violência Doméstica, perigo esse, que é impossível de negar, através da teoria do crime de perigo abstrato.

[152] Temos como exemplo uma discussão mais acesa em que uma das partes profere palavras censuráveis à outra ou um castigo dado por um progenitor a um filho onde o prive da liberdade.

da casa à chave, para que o tipo legal estivesse preenchido. Isto porque, se não o trancasse (e, simplesmente, fechasse) não existia um dano efetivo à saúde, através da privação da liberdade, mas apenas um perigo que, para estes autores, é insuficiente para preencher a conduta típica, uma vez que B, poderia sair da divisória sozinho (bastar-lhe-ia abrir a porta).

De outro prisma, para quem defende que o crime de Violência Doméstica se qualifica num crime de perigo abstrato – na qual prevalece a presunção *iure et de iure* –, bastava que A fechasse (sem tranca) B, numa divisória da casa para que o perigo estivesse criado. Importa referir que, mesmo para a doutrina que considera não existir uma presunção legal de perigo, nos crimes de perigo abstrato, esta conduta seria, certamente suficiente para preencher o tipo legal. Isto porque, ao recorrer-se a uma cláusula de exigência mínima, a conduta acima descrita teria, necessariamente, de estar salvaguardada, pois, caso contrário, situações de privação de liberdade injustificáveis[153] e merecedoras de tutela jurídica, seriam descartadas.

Já no caso do crime de Violência Doméstica se qualificar num crime de perigo abstrato-concreto, a conduta acima mencionada, ainda que criasse, efetivamente, um perigo, o agente teria a faculdade de demonstrar que, naquele caso em concreto, o perigo presumido não era concretizável. Desta forma, protege-se, de antemão, o bem jurídico tutelado no crime de Violência Doméstica, sem, contudo, descurar a possibilidade de existência de situações tensas ou situações ditas "normais" do quotidiano que, à partida poderiam resultar num perigo, mas que, naquele caso em concreto, não causam. Isto porque, a nosso ver, para que o tipo disposto no enunciado normativo 152.º CP se preencha é necessário que o intérprete-aplicador vislumbre, à luz das circunstâncias concretas do caso, que a conduta do agente é apta para lesar o bem jurídico tutelado[154].

[153] Um exemplo de uma privação de liberdade injustificável consubstanciar-se-ia no caso de A fechar B numa divisória da casa, durante dias, meses ou anos.

[154] *Produz-se desta forma uma combinação na acção de elementos abstractos e concretos de perigo, concentrados na acção, de tal sorte que o perigo nem está abstractamente contido na "ratio legis"[como nos crimes de perigo abstracto], nem surge tipicamente exposto como evento [como sucede nos crimes de perigo concreto], mas apresenta-se como uma qualidade intrínseca à acção." Os crimes de abstracto-concreto admitem a possibilidade de a perigosidade da conduta ser objecto de um juízo negativo, que exclua a tipicidade da conduta,* Ac. TRE, de 19 de junho de 2017, Proc. n.º 426/07-1, Relator: António João Latas, disponível em www.dgsi.pt.

Finalmente, resta analisar a dicotomia entre os crimes de mera atividade e os crimes de resultado, por forma a determinar a natureza do crime de Violência Doméstica.

Ora, os crimes de mera atividade distinguem-se dos crimes de resultado, pelo facto de que, nos primeiros, basta a mera verificação da conduta para que esta se materialize num crime, isto é, *a conduta é logo punida independentemente da verificação (ou não) de um resultado*[155], ao passo que, nos crimes de resultado, para que a conduta seja punida é necessária a existência de um resultado proveniente dessa mesma ação.

Sobre este tema, tem-se entendido tanto na doutrina como na jurisprudência que *atentas as múltiplas possíveis condutas típicas, a violência doméstica pode consubstanciar: um crime de resultado (estando em causa, v.g., maus tratos físicos); um crime de mera atividade (estando em causa, v.g., privações e ameaças) (...)*[156]. Quer, portanto, isto significar que *o facto previsto na lei como crime diz-se consumado quando tiverem sido praticados os actos de execução que realizam e integram os elementos constitutivos do tipo legal de crime, produzindo as consequências previstas que preenchem o respectivo tipo; a consumação é a execução acabada e completa e a integração por inteiro dos elementos do tipo objectivo, a que pertencem sempre, além da menção do sujeito activo, a descrição de uma acção típica com a indicação do resultado (nos crimes de resultado) ou com a simples descrição da actividade (nos crimes de mera actividade)*[157].

Não obstante este entendimento, existe também quem entenda que do crime disposto no artigo 152.º CP emerge sempre um crime resultado[158], bem como quem defenda o contrário, isto é, que resulta um crime de mera atividade[159].

[155] Ac. STJ, de 13 de novembro de 2014, Proc. n.º 249/11.0PECBR.C1.S1, Relator: Helena Moniz, disponível em www.dgsi.pt.

[156] Fernandes Catarina, *Violência Doméstica, implicações sociológicas, psicológicas e jurídicas do fenómeno,* Manual Pluridisciplinar, Centro de Estudos Judiciários, (coord. Guerra, Paulo e Gago, Lucília), Caderno Especial, Lisboa, abril 2016, p. 100, disponível em www.cej.mj.pt.

[157] Ac. TRC, de 08 de maio de 2019, Proc. n.º 302/16.4GAMGL.C1, Relator: Alcina da Costa Ribeiro, disponível em www.dgsi.pt.

[158] Ac. TRP, de 12 de outubro de 2016, Proc. n.º 2255/15.7T9PRT.P1, Relator: José Carreto, disponível em www.dgsi.pt.

[159] Ac. TRL, de 31 de maio de 2016, Proc. n.º 249/14.9PAPTS.L1-5, Relator: Filipa Macedo, disponível em www.dgsi.pt.

Ora, face às diferentes visões, julgamos conveniente tomar posição quanto ao tema, razão pela qual cumpre esclarecer que, a nosso ver, o crime de Violência Doméstica e, bem assim, o bem jurídico nele tutelado (a saúde), integra o âmbito-aplicacional dos crimes de mera atividade. Trata-se, tendo em linha de conta o nosso entendimento, de um flagício que a simples conduta ou a mera atividade são suficientemente aptas para pôr em perigo o bem jurídico protegido pela norma penal.

CAPÍTULO III
VIOLÊNCIA DOMÉSTICA COMO CAUSA DE INDIGNIDADE SUCESSÓRIA?

1. Análise da problemática

Terminada a análise do crime disposto no artigo 152.º CP, importa agora analisar a possibilidade de integrar o crime de Violência Doméstica no reduzido leque de causas de indignidade sucessória. Para tal, é necessário recordar os três critérios que concretizam o regime disposto no artigo 2034.º CC e, de seguida, verificar se o crime de Violência Doméstica preenche os sobreditos critérios, de forma a justificar-se a sua integração no regime das indignidades sucessórias.

1.1. Do ponto de vista penal

Como atrás analisamos, tem-se entendido que os critérios subjacentes ao regime da indignidade sucessória fundamentam-se, cumulativamente, na gravidade da conduta prosseguida pelo herdeiro, na consciência social atribuída àquela conduta e na presumida vontade do autor da herança.

No que diz respeito ao critério da gravidade da conduta, não haverá, certamente, quem considere o crime de Violência Doméstica um crime de pequena gravidade[160].

[160] Como é o caso, por exemplo, do crime de participação em rixa constante no artigo 151.º do CP, o qual é punido com pena de prisão até dois anos ou com pena de multa até 240 (duzentos e quarenta dias, entre outros passíveis de aqui serem elencados.

A própria natureza processual urgente e a aplicação do segredo de justiça na fase de inquérito[161] demonstram o nível de gravidade deste crime.

A nível internacional, a jurisprudência do Tribunal Europeu dos Direitos Humanos (TEDH) tem dado bastante relevância a este tema, tendo vindo a integrá-lo no âmbito *dos direitos à vida (cfr. artigo 2.º, da CEDH), à proibição da tortura (cfr. artigo 3.º, da CEDH), ao respeito pela vida privada e familiar (cfr. artigo 8.º, da CEDH) e à proibição de discriminação ((cfr. artigo 14.º, da CEDH). Para o TEDH, a violência doméstica, além de poder violar ou fazer perigar o direito à vida, consagrado no artigo 2.º, da CEDH, é suscetível de consubstanciar uma tortura ou um tratamento degradante e desumano e ser, assim, merecedora da tutela do artigo 3.º, da Convenção*[162]. No que respeita ao artigo 8.º CEDH, para este Tribunal, *o artigo 8.º, confere proteção às pessoas contra ingerências arbitrárias das autoridades públicas na sua vida privada e familiar, prevendo tal normativo, igualmente, obrigações positivas para assegurar o efetivo respeito pela vida privada e familiar*[163], as quais se poderão basear na tutela efetiva dos comportamentos ilícitos subjacentes ao crime de Violência Doméstica.

Neste sentido, cremos que não restarão dúvidas sobre o preenchimento do primeiro critério – o da gravidade – do regime das indignidades sucessórias, disposto no artigo 2034.º CC.

Quanto ao segundo critério – a consciência social –, bem sabemos que o crime de Violência Doméstica tem ganho cada vez mais importância no nosso ordenamento jurídico e, em especial, na nossa Sociedade.

[161] Ainda que não unânime, certa jurisprudência tem revelado imprescindível aplicar o segredo de justiça na fase de inquérito, por considerar *que nos casos em que crime em investigação é o de violência doméstica, a ofendida reside com o arguido e existe receio de que este exerça pressão sobre eventuais testemunhas a arrolar,* Susano, Helena, *Violência Doméstica, implicações sociológicas, psicológicas e jurídicas do fenómeno,* Manual Pluridisciplinar, Centro de Estudos Judiciários, (coord. Guerra, Paulo e Gago, Lucília), Caderno Especial, Lisboa, abril 2016, pp. 107-114, disponível em www.cej.mj.pt.

[162] Fernandes Catarina, *Violência Doméstica, implicações sociológicas, psicológicas e jurídicas do fenómeno,* Manual Pluridisciplinar, Centro de Estudos Judiciários, (coord. Guerra, Paulo e Gago, Lucília), Caderno Especial, Lisboa, abril 2016, pp. 115 – 132, disponível em www.cej.mj.pt.

[163] Fernandes Catarina, *Violência Doméstica, implicações sociológicas, psicológicas e jurídicas do fenómeno,* Manual Pluridisciplinar, Centro de Estudos Judiciários, (coord. Guerra, Paulo e Gago, Lucília), Caderno Especial, Lisboa, abril 2016, pp. 115 – 132, disponível em www.cej.mj.pt.

As constantes propagandas de informação têm permitido fundamentar uma crescente consciencialização para o verdadeiro flagelo em que nos encontramos, de tal forma que a palavra eleita como palavra do ano em 2019 foi Violência Doméstica.

O próprio *percurso legislativo, nitidamente no sentido de priorizar a prevenção e a repressão deste flagelo, integra-se numa progressiva consciencialização ético-social da gravidade da violência doméstica e das suas devastadoras consequências na família e em cada um dos seus membros, com repercussões em toda a sociedade, que atravessa gerações e conduz, demasiadas vezes, à morte ou à incapacitação das vítimas, agressores e terceiros*[164].

Embora se tenha procedido a algumas reformas ao nível da legislação recente sobre a violência doméstica; à implementação de acções de formação/sensibilização dos agentes da justiça e das forças de segurança pública; à criação de linhas de apoio e de assessoria legal às *vítimas, entre outras medidas de intervenção, as respostas do referido sistema ainda estão longe de ser completas*[165]. Exemplo dessa mesma incompletude, como temos visto e como iremos continuar a ver, é a lacuna presente no regime das indignidades sucessórias.

Ainda que insuficiente, o combate a este flagelo tem estado na ordem do dia, não havendo qualquer dúvida no repúdio da consciência social nos maus tratos domésticos.

Resta-nos, portanto, analisar o último critério, que se consubstancia na vontade presumida do *de cujus.*

Bom, não nos parece defensável acreditar que o *de cujus,* vítima de Violência Doméstica ou sabendo que um dos seus familiares mais próximos, designadamente, os constantes no artigo 2034.º CC, sofriam de maus tratos domésticos, pretendesse que o herdeiro-agressor pudesse adquiri os bens provenientes da herança. Aliás, ciente dessa presumida vontade, o legislador procedeu à trigésima quarta alteração ao CP e, ainda, à alteração do CC, através da Lei n.º 82/2014, de 30 de dezembro, a qual introduziu o artigo 69.º-A CP e alterou o corpo dos números 2 e 3 do artigo 2036.º CC.

164 Fernandes Catarina, *Violência Doméstica, implicações sociológicas, psicológicas e jurídicas do fenómeno,* Manual Pluridisciplinar, Centro de Estudos Judiciários, (coord. Guerra, Paulo e Gago, Lucília), Caderno Especial, Lisboa, abril 2016, pp. 81 – 84, disponível em www.cej.mj.pt.

165 Dias, Isabel, *Violência doméstica e justiça: respostas e desafios,* Revista do Departamento de Sociologia da FEUP, Vol. XX, 2010, pp. 245 – 262, disponível em https://ler.letras.up.pt/.

Esta alteração, como veremos mais adiante, teve como objeto criar uma pena acessória de declaração de indignidade sucessória para os condenados, como autor, ou cúmplice do crime de homicídio doloso, ainda que não consumado contra os sujeitos elencados no artigo 2034.º CC, por forma a *melhorar as condições de efectividade da declaração de indignidade sucessória contra os condenados pelo crime de homicídio por violência doméstica*[166].

Face ao ulteriormente mencionado, parece-nos manifestamente evidente a necessidade de proteção da vontade presumida do autor da herança que, certamente, não quereria ver os seus bens, provenientes da herança, adquiridos pelo herdeiro-agressor[167].

Na verdade, a sucessão hereditária possui um fundamento de ordem ética, *qual seja, a afetividade real ou presumida do defunto ao herdeiro ou legatário. Tal afeição deve despertar e manter neste o sentimento de gratidão ou, pelo menos, o respeito à pessoa do de cujus. A rutura dessa afetividade mediante a prática de atos inequívocos de desapreço, reprovável ou até mesmo delituoso para com o autor da herança, torna o herdeiro ou legatário indigno de suceder nos bens hereditários. Pode-se afirmar que o instituto da indignidade tem inspiração num princípio de ordem ética, uma vez que é repugnável à consciência da sociedade que uma pessoa suceda a outra, extraindo vantagens do seu património, depois de ter cometido contra esta atos lesivos gravosos*[168].

Ora, tendo o crime de Violência Doméstica ultrapassado os crivos do regime da indignidade sucessória não nos parece desadequando

[166] Parecer do Conselho Superior da Magistratura, de 23 de outubro de 2014, referente ao Projeto de Lei n.º 653/XII/4.ª (PSD/CDS-PP) – "Altera o Código Penal e o Código Civil em matéria de indignidade sucessória" e ao Projeto de Lei n.º 662/XII/4.ª (BE) – "Procede à alteração do Código Penal em matéria de indignidade sucessória", disponível em www.parlamento.pt.

[167] Não negamos que o autor da herança tem, efetivamente, à sua disposição, o instituto da deserdação, a partir do qual poderia ilegitimar o herdeiro-agressor de suceder á herança, designadamente, através da alínea a, do número 1, do artigo 2166.º CC. Contudo, como abordamos em momento ulterior, o regime da indignidade sucessória particulariza-se do instituto da deserdação, entre outros motivos, mas em especial, para a questão aqui em causa, pelo facto de no regime disposto no artigo 2034.º CC não existir testamento, no qual o *de cujus* pode expressar a sua vontade livremente.

[168] Parecer do Conselho Superior do Ministério Público, 12 de setembro de 2014, referente ao Projeto de Lei n.º 632/XII/3.ª (PS), Lisboa, 08 de julho de 2014, disponível em www.parlamento.pt.

sugerir a alteração legislativa necessária para o seu efetivo enquadramento[169].

1.2. Ponto de vista civil

Verificado o enquadramento legal do crime de Violência Doméstica no regime disposto nos artigos 2034.º ss CC, cumpre explicitar a urgência da inserção do crime de Violência Doméstica no reduzido leque de causas de indignidade sucessória.

Como referimos, precedentemente, as atuais causas de indignidade sucessória contemplam quatro comportamentos indignos, designadamente, atentar contra a vida do de cujus ou dos seus familiares mais próximos, designadamente, os constantes no artigo 2034.º CC, atentar contra a honra do autor da herança ou das pessoas indicadas no artigo sobredito[170], atentar contra a liberdade de testar e atentar contra o próprio testamento. Também atrás aludimos ao facto de, a nosso ver, o instituto da indignidade sucessória apresentar um carácter taxativo e, por essa razão, impedir qualquer enquadramento analógico para condutas que não se encontrem previamente definidas no artigo 2034.º CC.

Resta-nos, agora, analisar, a relevância jurídica-social da integração do crime de Violência Doméstica no regime das indignidades sucessórias.

Do ponto de vista comparativo, a ponderação entre as causas atualmente elencadas no instituto da indignidade sucessória e o crime de Violência Doméstica é bastante simples. Isto porque, se por um lado, não existe nada tão ou mais grave do que atentar contra vida do *de cujus* ou dos seus familiares mais diretos, por outro, não consideramos, como atrás fizemos referência, o crime de denúncia caluniosa ou o crime de falso testemunho comportamentos suficientemente graves para se qualificarem como causas suficientes de indignidade sucessória. Aliás,

[169] Como aliás é defendido no Parecer do Conselho Superior do Ministério Público, 12 de setembro de 2014, referente ao Projeto de Lei n.º 632/XII/3.ª (PS), Lisboa, 08 de julho de 2014, disponível em www.parlamento.pt, o qual asserta (referindo-se ao Ac. STJ, de 07 de janeiro de 2010, Proc. n.º 104/07.9TBAMR.S1, Relator: Pires da Rosa) *este estado de coisas parece justificar que o legislador alargue a base de discussão face ao instituto da indignidade sucessória, não colhendo a argumentação que o instituto da deserdação resolve, por si mesmo, as demais que não estão contempladas no outro. E não será de todo em todo descabido fazer aqui a invocação que é essa já a solução consagrada noutros ordenamentos jurídicos, sendo disso exemplo o caso de Espanha.*

[170] Expressão que, como referimos em momento ulterior, somos reticentes a acompanhar.

poucos são os exemplos de jurisprudência portuguesa na qual se tenha recorrido à alínea b) do artigo 2034.º CC, por forma a determinar a indignidade sucessória de um herdeiro. Ou melhor, a única decisão que encontrámos com recurso à alínea b) do artigo 2034.º CC consta do Ac. TRL, de 23 de setembro de 2010, Proc. n.º 1280/09.1TBMTA.L1-8, Relator: Caetano Duarte, o qual acabou por subir ao Supremo Tribunal de Justiça, designadamente, no Ac. STJ, de 07 de janeiro de 2010, Proc. n.º 104/07.9TBAMR.S1 Relator: Pires da Rosa e onde está em causa um crime de abuso sexual cometido por um pai à sua filha[171]. Quer isto dizer que, pelo menos nos Tribunais de 2.ª Instância e no Supremo Tribunal de Justiça não existe nenhuma sentença que aplique a alínea b) do artigo 2034.º CC para indignar um herdeiro condenado a denúncia caluniosa ou falso testemunho.

Neste sentido, verifica-se que a alínea b) do enunciado normativo 2034.º CC tem sido, como temos vindo a defender até agora, utilizada como uma cláusula de escape para fazer face às constantes e visíveis lacunas do regime da indignidade sucessória, sendo, por isso, urgente a reforma civil e penal, por forma a possibilitar o legal enquadramento do crime de violência doméstica no instituto da declaração de indignidade sucessória. Para tal, é necessário determinar, do ponto de vista penal, a natureza da penalização subjacente à declaração de indignidade sucessória pelo cometimento do crime de Violência Doméstica.

2. Uma verdadeira pena acessória ou uma mera consequência jurídico-penal?

Tendo em consideração o fim por nós visado, designadamente, pelo enquadramento do crime de Violência Doméstica como causa suficiente

[171] Como atrás referimos, o Ac. TRG, de 22 de janeiro de 2009, Proc. n.º 2612/08-1, Relator: Rosa Tching, decidiu pela declaração de indignidade sucessória do pai perante a filha falecida, através da aplicação analógica da alínea b) do artigo 2034.º CC. O referido caso subiu ao Supremo Tribunal de Justiça (Ac. STJ, de 07 de janeiro de 2010, Proc. n.º 104/07.9TBAMR.S1, Relator: Pires da Rosa) o qual julgou a favor da indignidade sucessória, contudo, recorreu ao instituto do abuso de direito para fundamentar tal decisão. Esta alteração de fundamentação, ainda que discutível, é, a nosso ver, uma prova que o próprio Supremo Tribunal de Justiça discorda da interpretação analógica das alíneas constantes no enunciado normativo 2034.º CC. Aliás, o Tribunal refere mesmo que, *a sua conduta não se integra em qualquer das situações estabelecidas no art. 2034.º do CCivil, norma de natureza excepcional que não pode ser interpretada analogicamente.*

para declarar a indignidade sucessória ao herdeiro-condenado, é necessário determinar a natureza jurídico-penal dessa mesma alteração, por forma a verificar se estamos mediante uma pena acessória ou perante uma mera consequência jurídico-penal.

Para tal, é imprescindível analisar, *primo,* o alcance dos fins das penas no ordenamento jurídico-penal português para, posteriormente, definir a natureza adstrita à declaração de indignidade sucessória.

2.1. O contributo das teorias dos fins das penas

Como sabemos, *as sanções penais consistem num sofrimento imposto ao agente do crime como consequência do facto ilícito praticado e nessa medida constituem um mal*[172]. Ora, constituindo-se num mal para o infrator, a legitimidade[173] e constitucionalidade da aplicação de uma pena, depende da sua efetiva necessidade face à primordialidade da salvaguarda de interesses e direitos jurídico-penalmente também relevantes. É neste contexto que se debatem as três grandes teorias sobre os fins das penas, designadamente, a teoria retributiva, a prevenção geral e a prevenção especial, as quais tentam dar resposta às questões de legitimidade, função e fundamentação da interferência penal[174].

172 Marques da Silva, Germano, *Direito Penal Português, Parte Geral, I, Introdução e Teoria da Lei Penal,* 2.ª Edição, Revista, Editorial VERBO, Lisboa, 2001, pp. 40-69.

173 *A busca da legitimação das sanções penais tem sido feita essencialmente por duas vias: considerando que o mal da sanção não é um mal, antes um bem, porque nega o mal do crime e restaura o Direito, ou considerando que o mal da sanção é um mau útil, um mal menor, um mal necessário.* No primeiro caso, diz-nos São Tomás de Aquino que a aplicação de uma sanção penal *não é em si mesmo um mal, mas só em certo sentido. Em si mesmo, contudo, é um bem* (...) *ora o mal da pena só é mal enquanto priva de algum bem particular; e, contudo, em si mesmo um bem, enquanto deriva da ordem do fim último.* No prisma oposto, João Beleza dos Santos defende que, *uma vez demonstrada a necessidade* [da pena] (...) *entende-se implicitamente demonstrada a respectiva legitimidade, quando se não ofendam valores cuja lesão seria mais grave do que a pena,* Marques da Silva, Germano, *Direito Penal Português, Parte Geral, I, Introdução e Teoria da Lei Penal,* 2.ª Edição, Revista, Editorial VERBO, Lisboa, 2001, p. 41. Também neste sentido, Beleza dos Santos, João, *Ensaio sobre a Introdução ao Direito Criminal,* Atlântida Editora, Coimbra, 1968, p. 120 e Palma, M.ª Fernanda, *Direito Penal, Conceito material de crime, princípios e fundamentos, Princípio da legalidade: interpretação da lei penal e aplicação da lei penal no tempo,* AAFDL Editora, Lisboa, 2016, p. 49 a 57.

174 Neste sentido, Figueiredo Dias, Jorge, *Direito Penal, Parte Geral, Questões Fundamentais, A Doutrina Geral do Crimes,* Tomo I, 2.ª Edição, Coimbra Editora, Coimbra, 2007, pp. 43-64.

Ainda que totalmente afastada do ponto de vista dogmático[175], a teoria retributiva ou da expiação, fundamenta a aplicação da sanção penal, pela necessidade de compensar o mal prosseguido pelo agente. É, portanto, *a justa paga do mal que com o crime se realizou, é o justo equivalente do dano do facto e da culpa do agente*[176]. Por essa razão, o *cálculo* da medida concreta da pena baseia-se tão-só na literal correspondência (ou mesmo igualação) do dano ou crime concretizado pelo infrator[177]. Convicto da validade desta teoria, Kant, *qualificava a pena ("a lei penal") como um "imperativo categórico"*[178], em que a conduta criminosa era a manifestação de uma rejeição de si mesmo e dos seus próprios direitos, concluindo, neste sentido que *"qualquer mal imerecido que causas a um outro no povo causa-lo a ti próprio; se o injurias é a ti próprio que injurias; se o roubas é a ti próprio que roubas; se o agrides é a ti próprio que agrides; se o matas é a ti próprio que matas."*[179]. Hegel, também ele defensor da retribuição, defendia que ao cometimento de um crime – que se caracterizava pela negação do Direito – resultava, natural e logicamente, a necessidade de aplicação de uma pena – que seria a negação da negação, ou seja, seria como que *a "anulação do crime, que de outro modo continuaria a valer"* –, a qual caracterizar-se-ia pela única medida capaz de honrar o agente-infrator, recusando, por isso, qualquer fim *prevencionista* resultante da pena[180].

175 Em sentido contrário, a Professora Maria Fernanda Palma asserta que, *a ideia retributiva não abandonou o pensamento contemporâneo, mas tende a justificar-se hoje pela eficácia preventiva-geral do Direito Penal, perdendo a pureza de uma teoria absoluta da pena. Com efeito, a defesa da ideia retributiva faz-se sobretudo na perspetiva de que a retribuição é o único modo de demonstrar a eficácia das penas e garantir as expectativas dos cidadãos relativamente à punição dos criminosos*, PALMA, M.ª Fernanda, *Direito Penal, Conceito material de crime, princípios e fundamentos, Princípio da legalidade: interpretação da lei penal e aplicação da lei penal no tempo*, AAFDL Editora, Lisboa, 2016, p. 49 a 57.

176 Neste sentido, FIGUEIREDO DIAS, Jorge, *Direito Penal, Parte Geral, Questões Fundamentais, A Doutrina Geral do Crimes*, Tomo I, 2.ª Edição, Coimbra Editora, Coimbra, 2007, pp. 43-64.

177 Segue, portanto, o princípio de talião, "olho por olho, dente por dente".

178 FIGUEIREDO DIAS, Jorge, *Direito Penal, Parte Geral, Questões Fundamentais, A Doutrina Geral do Crimes*, Tomo I, 2.ª Edição, Coimbra Editora, Coimbra, 2007, pp. 43-64.

179 PALMA, M.ª Fernanda, *Direito Penal, Conceito material de crime, princípios e fundamentos, Princípio da legalidade: interpretação da lei penal e aplicação da lei penal no tempo*, AAFDL Editora, Lisboa, 2016, p.49 a 57.

180 Neste sentido, FIGUEIREDO DIAS, Jorge, *Direito Penal, Parte Geral, Questões Fundamentais, A Doutrina Geral do Crimes*, Tomo I, 2.ª Edição, Coimbra Editora, Coimbra, 2007, pp. 43-64 e PALMA, M.ª Fernanda, *Direito Penal, Conceito material de crime, princípios e fundamentos, Princípio*

Várias são as críticas passíveis de listar no âmbito dogmático das teorias absolutas. A primeira reside no facto da referida teoria partir *de uma ideia de responsabilidade individual baseada no liberum arbitrium indiferentiae que o conhecimento científico (em vários domínios) não permite comprovar.* A segunda crítica fundamenta-se no postulado no número 2 do artigo 18.º CRP, o qual determina que a sanção penal só pode ser aplicada quando se verifique um risco de preservação da sociedade, sendo, por isso, inconcebível fundamentar a aplicação da sanção penal com base na teoria retributiva.

Noutro prisma, *o dominador comum das doutrinas da prevenção geral radica na concepção da pena como instrumento político-criminal destinado a actuar (psiquicamente) sobre a generalidade dos membros da comunidade, afastando--os da prática de crimes através da ameaça penal estatuída pela lei, da realidade da sua aplicação e da efectividade da sua execução*[181], associada, simultaneamente, a um revigoramento da confiança dos indivíduos na eficácia real da justiça. Quer isto significar que a teoria da prevenção geral assume uma dúplice perspectiva – prevenção geral negativa ou de intimidação e prevenção geral positiva ou de integração. Quanto à primeira modalidade, a prevenção geral negativa, tem como prepósito intimidar os indivíduos a cometerem factos ou condutas puníveis[182], ao passo que, a

da legalidade: interpretação da lei penal e aplicação da lei penal no tempo, AAFDL Editora, Lisboa, 2016, p.49 a 57.

181 Figueiredo Dias, Jorge, *Direito Penal, Parte Geral, Questões Fundamentais, A Doutrina Geral do Crimes,* Tomo I, 2.ª Edição, Coimbra Editora, Coimbra, 2007, pp. 43-64.

182 Decorre da doutrina da coação psicológica de Paul Johann Anselm von Feuerbach, *segundo a qual a finalidade precípua da pena residiria em criar no espírito dos potenciais criminosos um contra-motivo suficientemente forte para os afastar da prática do crime,* Figueiredo Dias, Jorge, *Direito Penal, Parte Geral, Questões Fundamentais, A Doutrina Geral do Crimes,* Tomo I, 2.ª Edição, Coimbra Editora, Coimbra, 2007, pp. 43-64. Também assim nos explica Germano Marques da Silva, que acrescenta, a este propósito, que *a teoria de Feuerbach (...) concebe o homem como um ser que pondera racionalmente as vantagens e inconvenientes que lhe podem advir da prática de um determinado acto* e, bem assim, *estrutura-se segundo este esquema argumentativo: a) a prática de actos criminosos é determinada por motivos que constituem o fim da vontade e destina-se a satisfazer interesses do agente; b) consequentemente, o crime constitui um meio para satisfazer um prazer de quem o comete; c) para evitar que sejam cometidos actos criminosos é necessário que à representação do prazer conexo com a prática do crime, seja contraposta a representação de um sofrimento, estabelecido por lei como segura e inderrogável consequência da própria conduta e da intensidade superior ao eventual prazer resultante da prática do crime,* Marques da Silva, Germano, *Direito Penal Português, Parte Geral, I, Introdução e Teoria da Lei Penal,* 2.ª Edição, Revista, Editorial VERBO, Lisboa, 2001, pp. 44-46.

prevenção geral positiva tem como fim fulcral o reforço da confiança dos indivíduos no Direito prevalecente. Perfaz-se, por isso, que *a prevenção geral não contém apenas, na sua lógica interna, um sentimento de intimidação, mas justifica- se, mais profundamente, pelo fortalecimento dos juízos de valor social dos cidadãos, que depende da cominação e da aplicação de penas*[183].

No que diz respeito à prevenção geral negativa, vários são os autores que se assumem como opositores à referida teoria. Diz-nos o Professor Germano Marques da Silva que, a visão utilitarista subjacente à prevenção geral negativa, coloca várias questões no plano da *legitimidade axiológica e validade empírica*, chegando mesmo *a subverter as exigências da proporcionalidade ao mal do crime e à culpabilidade do agente*[184]. Acrescenta, também, neste contexto, que o efeito de intimidação subjacente à prevenção geral negativa, na prática, não é o elemento decisivo de dissuasão no prosseguimento de uma conduta ilícita. Antes é, como asserta o autor supra mencionado, *o conhecimento da existência da lei e da sua efectiva aplicação* e, *o grau de probabilidade de o agente do facto criminoso vir a ser descoberto, julgado e condenado*[185].

Também Figueiredo Dias afirma que *uma indiscutível fraqueza teorética e prática das doutrinas da prevenção geral, quando consideradas exclusivamente no seu cariz negativo, como formas de intimidação da generalidade dos cidadãos*, baseia-se, por um lado, na impossibilidade de *determinar empiricamente o quantum de pena necessário* e, por outro lado, porque ao não lograr a *erradicação do crime, fica próxima a tendência* (...) de se descambar *num direito penal do terror absolutamente desproporcional e, por isso, directa e imediatamente violador da eminente dignidade da pessoa humana*[186]. Mas conclui afirmando que *o argumento já não será procedente, porém, se a prevenção geral se perspectivar na sua vertente positiva, como prevenção de integração, de tutela da confiança geral na validade e vigência das normas do ordenamento jurídico, ligado* à *protecção*

[183] Palma, M.ª Fernanda, *Direito Penal, Conceito material de crime, princípios e fundamentos, Princípio da legalidade: interpretação da lei penal e aplicação da lei penal no tempo,* AAFDL Editora, Lisboa, 2016, p.49 a 57.

[184] Marques da Silva, Germano, *Direito Penal Português, Parte Geral, I, Introdução e Teoria da Lei Penal,* 2.ª Edição, Revista, Editorial VERBO, Lisboa, 2001, pp. 44-46.

[185] Marques da Silva, Germano, *Direito Penal Português, Parte Geral, I, Introdução e Teoria da Lei Penal,* 2.ª Edição, Revista, Editorial VERBO, Lisboa, 2001, pp. 44-46.

[186] Figueiredo Dias, Jorge, *Direito Penal, Parte Geral, Questões Fundamentais, A Doutrina Geral do Crimes,* Tomo I, 2.ª Edição, Coimbra Editora, Coimbra, 2007, pp. 43-64.

dos bens jurídicos e visando, em último termo, a restauração da paz jurídica. Para este autor, desta forma, ter-se- á como certo, a correta definição de uma moldura penal, baseada na culpa do agente e, consequentemente, salvaguardar-se-á, a concreta determinação de uma *pena justa e adequada à culpa do delinquente* (fazendo jus aos princípios basilares do Direito Penal – princípio da culpa, da necessidade e da proporcionalidade). E também assim parece entender Germano Marques da Silva, o qual julga como *admissível que o direito penal procure, através dos meios que lhe são próprios, convencer as pessoas da necessidade de obedecerem às normas decretadas pelos legítimos titulares do poder da sociedade (...) sem que necessariamente tenham de se conformar com o seu conteúdo*[187].

Já a Professora Maria Fernanda Palma, convicta antagonista da teoria da prevenção geral, resume as principais críticas à sua legitimidade, enquanto fundamento e medida exclusiva das sanções criminais. Isto porque, por um lado, defende que *a pessoa, não é, em caso algum, um meio de fins sociais* e, por esse motivo, não pode (o agente) estar sujeito a uma pena definida com base em critérios de necessidade de educação ou de reafirmação da eficácia da justiça. Por outro lado, *salienta que este pensamento não consegue justificar a atribuição da pena ao criminoso por algo que ele tenha feito e com base na medida da gravidade do facto – a pena deixaria de poder ser vista como consequência do crime*[188].

Por último, importa referir a posição de Pedro Vaz Patto, que asserta que *as exigências de ordem geral são consideradas pelo legislador ao determinar a moldura abstracta da pena, não deverão sê-lo pelo juiz* [nem tão-pouco pelo intérprete] *ao aplicar a Lei ao caso concreto. O que é geral e independente das circunstâncias específicas, únicas e particulares do caso concreto cabe ao legislador. Ao juiz* [e ao intérprete] *cabe considerar, precisamente, o que o caso concreto tem de específico, único e particular, não aquilo que poderia ser dito desse caso concreto como de qualquer outro caso de prática do mesmo tipo de crime. Se as exigências da prevenção geral são particularmente acentuadas, isso há-de reflectir-se em molduras abstractas particularmente severas, não tem que reflectir-se de novo, sob*

[187] MARQUES DA SILVA, Germano, *Direito Penal Português, Parte Geral, I, Introdução e Teoria da Lei Penal,* 2.ª Edição, Revista, Editorial VERBO, Lisboa, 2001, pp. 40-69.

[188] PALMA, M.ª Fernanda, *Direito Penal, Conceito material de crime, princípios e fundamentos, Princípio da legalidade: interpretação da lei penal e aplicação da lei penal no tempo,* AAFDL Editora, Lisboa, 2016, p.49 a 57.

pena de violação do princípio da proibição da dupla valoração, na medida concreta da pena[189].

No que concerne à teoria da prevenção especial ou individual, cumpre esclarecer que, como nos ensina Figueiredo Dias, *têm por denominador comum a ideia de que a pena é um instrumento de actuação preventiva sobre a pessoa do delinquente com o fim de evitar que, no futuro, ele cometa novos crimes. Neste sentido se deve falar de uma finalidade de prevenção da reincidência*[190]. Também aqui, se vislumbram, duas modalidades de prevenção especial. Por um lado, a prevenção especial negativa que, para parte da doutrina, era vista como um processo de *intimidação individual*, a partir do qual se inibia o criminoso de cometer crimes[191], ao passo que, para outra parte, a prevenção especial negativa tinha como objetivo *alcançar um efeito de pura defesa social através da separação ou segregação do delinquente, assim procurando atingir- se a neutralização da sua perigosidade social*[192]. Por outro lado, a teoria da prevenção especial positiva apresenta como finalidade primordial a *prevenção da reincidência.* Para tal, tenta proporcionar ao infrator as condições necessárias para que não volte a delinquir, logrando assim, a ressocialização ou socialização[193].

A par da prevenção geral, a teoria da prevenção especial também se depara com fragilidade teórico-práticas. No que diz respeito à prevenção

[189] Vaz Patto, Pedro, *Os Fins das Penas e a Prática Judiciária – algumas questões*, Texto que serviu de base à comunicação apresentada nas Jornadas de Direito Penal e Processual Penal, acção de formação do Conselho Superior da Magistratura realizada em Albufeira no dia 1 de Julho de 2011, p.14, disponível em www.tre.mj.pt.

[190] Figueiredo Dias, Jorge, *Direito Penal, Parte Geral, Questões Fundamentais, A Doutrina Geral do Crimes*, Tomo I, 2.ª Edição, Coimbra Editora, Coimbra, 2007, pp. 43-64.

[191] *A prevenção especial considera que o fim das penas é a intervenção sobre o cidadão delinquente, através da coação psicológica, inibindo-o da prática de crimes ou eliminando nele a disposição para delinquir,* Palma, M.ª Fernanda, *Direito Penal, Conceito material de crime, princípios e fundamentos, Princípio da legalidade: interpretação da lei penal e aplicação da lei penal no tempo,* AAFDL Editora, Lisboa, 2016, p.49 a 57.

[192] Assim nos explica Figueiredo Dias, Jorge, *Direito Penal, Parte Geral, Questões Fundamentais, A Doutrina Geral do Crimes*, Tomo I, 2.ª Edição, Coimbra Editora, Coimbra, 2007, pp. 43-64.

[193] Neste sentido, importa, contudo, referir que o conceito de socialização aqui defendido, vai para além da noção social que, por muitas vezes, lhe é atribuído. Explica-nos, assim, Figueiredo Dias que *também o criminoso económico revela em princípio um defeito de socialização do agente, donde promana para o Estado o dever de pôr à sua disposição os meios de prevenir a reincidência,* Figueiredo Dias, Jorge, *Direito Penal, Parte Geral, Questões Fundamentais, A Doutrina Geral do Crimes*, Tomo I, 2.ª Edição, Coimbra Editora, Coimbra, 2007, pp. 43-64.

especial negativa, é hoje perfeitamente inequívoco denegar *o sentido da correção ou emenda moral do delinquente* (...), como também, *o paradigma médico ou clínico da prevenção especial* (...). *Só, por isso, o conteúdo mínimo da socialização – a prevenção da reincidência – pode passar a prova de fogo de um direito penal próprio do Estado de Direito*[194]. Mas também não chegará, como fim único da pena, a doutrina emanada da prevenção especial positiva, caso contrário, situações em que não se vislumbra a necessidade de socialização ou reinserção social ficariam absolvidos de qualquer punição[195]. Diz-nos igualmente, a Professora Maria Fernanda Palma – também aqui muito crítica –, que a *investigação empírica não permite apoiar em dados absolutamente seguros a prognose sobre a delinquência futura* e, por outro lado, *a pena é criminógena, de modo que as próprias condenações aumentam as probabilidades de reincidência. Consequentemente, a prevenção especial tende a menosprezar o princípio da necessidade da pena (artigo 18, n.º 2, da Constituição)*, chegando, assim, à conclusão que nenhuma das doutrinas dos fins das penas até aqui mencionadas oferecem, de uma forma satisfatória, resposta ao problema da legitimidade da pena[196]. Para a Professora, *o problema dos fins das penas deve ser recolocado como problema do fundamento de legitimidade das penas estatais em face da legitimidade do poder punitivo do Estado e não como mera escolha de modelos ideologicamente suportados ou puros modelos normativos assentes em construções gerais sobre os fins dos seres humanos*[197].

Por último, importa fazer referência às teorias mistas ou unificadora, as quais visam associar a teoria retributiva com as teorias de prevenção

[194] *Mesmo nesta acepção, porém, o pensamento da prevenção especial não pode assumir-se como finalidade única da pena*, caso contrário, incorríamos na ideia de uma *pena absolutamente indeterminada*, visto que, *a pena deveria durara todo o tempo em que ainda persistisse a perigosidade social do delinquente*, FIGUEIREDO DIAS, Jorge, *Direito Penal, Parte Geral, Questões Fundamentais, A Doutrina Geral do Crimes*, Tomo I, 2.ª Edição, Coimbra Editora, Coimbra, 2007, pp. 43-64.

[195] FIGUEIREDO DIAS, Jorge, *Direito Penal, Parte Geral, Questões Fundamentais, A Doutrina Geral do Crimes*, Tomo I, 2.ª Edição, Coimbra Editora, Coimbra, 2007, pp. 43-64 e PALMA, M.ª Fernanda, *Direito Penal, Conceito material de crime, princípios e fundamentos, Princípio da legalidade: interpretação da lei penal e aplicação da lei penal no tempo*, AAFDL Editora, Lisboa, 2016, p.49 a 57.

[196] Em sentido contrário, FIGUEIREDO DIAS, Jorge, *Direito Penal, Parte Geral, Questões Fundamentais, A Doutrina Geral do Crimes*, Tomo I, 2.ª Edição, Coimbra Editora, Coimbra, 2007; MARQUES DA SILVA, Germano, *Direito Penal Português, Parte Geral, Teoria do Crime*, Vol. II, 2.ª Edição, Revista e Actualizada, Editorial VERBO, Lisboa, 2005; entre outros.

[197] PALMA, M.ª Fernanda, *Direito Penal, Conceito material de crime, princípios e fundamentos, Princípio da legalidade: interpretação da lei penal e aplicação da lei penal no tempo*, AAFDL Editora, Lisboa, 2016, p. 57 a 60.

geral e de prevenção especial[198]. Nesta doutrina, as finalidades das penas reconduzem-se à *retribuição da culpa* [do agente] *e, subsidiariamente, como instrumento de intimidação da generalidade e, na medida possível, de ressocialização do agente*[199]. Cesare Beccaria, um dos apoiantes das teses mistas, asserta que, a finalidade subjacente à referida doutrina *não é outra senão o de impedir o réu de fazer novos danos aos seus concidadãos e de dissuadir os outros de fazer o mesmo. Devem, assim, escolher-se as penas e o método de infligi-las de tal maneira que, observadas as devidas proporções, se produzirá um efeito mais eficaz e mais duradouro sobre os espíritos dos homens, e menos torturante sobre o corpo do réu*[200]. Em sentido idêntico, Roxin, afirma que *a pena, quanto ao seu fundamento e à sua gravidade, pressupõe a culpa do agente, mas, além disso, também a sua própria necessidade, por razões de prevenção especial e prevenção geral.*[201] [202]

Ora, feita a descrição das teorias dos fins das penas existentes no nosso ordenamento jurídico, importa agora, por um lado, elucidar a relevância do tema face à problemática aqui discutida e, por outro lado, tomar posição quanto à teoria dos fins das pena que consideramos mais adequada.

Primo, como é sabido, as teorias dos fins das penas são a grande base das normas penais. *Pode dizer-se que a discussão em torno dos fins das penas*

[198] Como nos ensina Figueiredo Dias, existem duas formulações decorrentes desta teoria. A primeira que define *a pena privativa no seio da qual procura dar-se realização a pontos de vista de prevenção, geral e especial* e, a segunda, que defende a *pena privativa através de justa retribuição.* Ainda que interessante de um ponto de vista teórico, na prática, ambas as definições repercutem-se à mesma ideia, Figueiredo Dias, Jorge, *Direito Penal, Parte Geral, Questões Fundamentais, A Doutrina Geral do Crimes,* Tomo I, 2.ª Edição, Coimbra Editora, Coimbra, 2007, pp. 43-64.

[199] Figueiredo Dias, Jorge, *Direito Penal, Parte Geral, Questões Fundamentais, A Doutrina Geral do Crimes,* Tomo I, 2.ª Edição, Coimbra Editora, Coimbra, 2007, pp. 43-64.

[200] Beccaria, Cesare, *Dos Delitos e Das Penas,* Fundação Calouste Gulbenkian, Lisboa, 2014, p. 85.

[201] Roxin, Claus, *Acerca da Problemática do Direito Penal da Culpa,* (tradução Manuel Cortes Rosa), por BFDUC, Coimbra, 1983, p. 20.

[202] *A culpa do agente põe um limite a todos os objectivos de prevenção, geral e especial. "Culpa" não é aqui interpretada como um dado susceptível de fundamentação religiosa,* ética ou outra de cariz filosófico: é entendida, em sentido puramente jurídico, como «agir ilícito, apesar de haver sensibilidade aos apelos normativos, Roxin, Claus, *Problemas Fundamentais de Direito Penal* (tradução por Ana Paula dos Santos, Luís Natscheradetz, Ana Isabel de Figueiredo e Maria Fernanda Palma), (coord. Maria da Conceição Valdágua), 3.ª Edição, Editora Vega, Lisboa, 2002 p. 243.

nunca se esgota, é recorrente e há-de acompanhar sempre a reflexão a respeito da estrutura e da evolução do sistema jurídico-penal. No fundo, quase todas as opções que, no âmbito desse sistema, possam ser tomadas se relacionam, mais ou menos directamente, com essa questão. É uma questão filosófica e que atinge os princípios que fundamentam e alicerçam tal sistema[203]. Face ao seu carácter determinante e indissociável da questão que ora nos debruçamos, é imprescindível estudá-las e analisá-las antes de conceber uma qualquer alteração ou aditamento ao ordenamento jurídico-penal e, bem assim, indispensável tomar posição quanto ao tema, sendo sempre certo que não existe uma resposta consensual e, muito menos unânime, tanto na doutrina, como na jurisprudência, como aliás, verificámos nos parágrafos antecedentes.

A nosso ver, a teoria dos fins das penas que mais se adequa, analisada do ponto de vista constitucional e penal, consubstancia-se na visão defendida por Pedro Vaz Patto. Não haverá qualquer dúvida – seja para que entendimento for – em assegurar que existem dois momentos distintos na concretização das normas penais. O primeiro encontra-se sob a alçada do legislador. É a este a quem cumpre a determinação das circunstâncias gerais concretizadoras do tipo penal que resultam, claro está, na moldura abstrata da pena que, como é expectável, têm em linha de conta *as exigências de ordem geral.* Ao ter-se como entendido este ponto, é evidente que o intérprete-aplicador não pode, em caso algum, substituir o legislador. Ora, estando- lhe vedada, por conseguinte, essa função, cabe-lhe "tão-só" (e já não é pouco) ter em linha de conta, única e exclusivamente, as situações concretas do caso, de modo a determinar a moldura concreta da pena, a qual não pode, à luz dos mais basilares princípios constitucionais, valorar circunstâncias já valorizadas no momento da escolha da moldura abstrata da norma, caso contrário, estar-se-ia a ofender, entre outros, o princípio da dupla valoração, protegida constitucionalmente.

Cabe, portanto, ao intérprete-aplicador, primariamente, analisar a concreta conduta-ilícita à luz dos tipos-legais existentes no nosso

[203] Vaz Patto, Pedro, *Os Fins das Penas e a Prática Judiciária – algumas questões*, Texto que serviu de base à comunicação apresentada nas Jornadas de Direito Penal e Processual Penal, acção de formação do Conselho Superior da Magistratura realizada em Albufeira no dia 1 de Julho de 2011, p.1, disponível em www.tre.mj.pt.

ordenamento jurídico (determinado, por isso, o crime em causa) e, posteriormente a esse juízo, analisar as atenuantes e agravantes possíveis de serem aplicadas, tendo sempre, como ponto de partida, a integração ou reintegração social do agente[204].

2.2. Destrinça entre sanção civil e sanção penal

Terminada a análise das teorias dos fins das penas, importa-nos, agora, averiguar a definição de sanção penal e de sanção civil para, posteriormente, distinguirmos ambos os conceitos.

Como sabemos, o Direito Penal, pelo seu carácter *limitador da liberdade das pessoas, impondo-lhes e proibindo-lhes certos comportamentos, é por si só um mal, (...) só sendo tolerável, e por isso legítimo, quando necessário para salvaguardar outros direitos ou interesses também dignos de proteção jurídico*[205], devendo, por essa razão, apenas ser acionado em última *ratio*. Subjacente ao Direito Penal, as sanções penais configuram, também elas, um mal imposto ao delinquente derivado de uma conduta-ilícita por este prosseguida, seguindo por isso, a mesma lógica de última *ratio*[206].

Ora, a última *ratio* a que nos referimos, advém da combinação de princípios morfológicos e subjacentes ao Direito Penal, designadamente, o princípio da legalidade, o princípio da culpa, o princípio da proporcionalidade e, finalmente, o princípio do *ne bis in idem*[207], os quais, em traços gerais, vinculam o interprete-aplicador a confirmar a existência de certos critérios e/ou pressupostos, sem os quais, a correta e legitima aplicação da sanção penal ficaria viciada. Esta vinculatividade aos princípios penais, deve-se ao facto de, como atrás fizemos referência, a noção de sanção penal acarretar consigo mesma a ideia de castigo e de punição.

[204] É nosso entendimento que o que se tem de mudar é a forma como a reinserção social é aplicada e não o fim que daí advém.

[205] Marques da Silva, Germano, *Direito Penal Português, Parte Geral, I, Introdução e Teoria da Lei Penal,* 2.ª Edição, Revista, Editorial VERBO, Lisboa, 2001, pp. 40-41.

[206] Como nos ensina Germano Marques da Silva, *as sanções penais são meios de tutela e de tutela repressiva, porque* [são] *aplicáveis em consequência da violação de uma norma jurídica, (...) são, por isso, instrumentais relativamente ao direito penal,* [servindo] *para reforçar os imperativos contidos nos preceitos das normas incriminadoras,* Marques da Silva, Germano, *Direito Penal Português, Parte Geral, I, Introdução e Teoria da Lei Penal,* 2.ª Edição, Revista, Editorial VERBO, Lisboa, 2001, p. 69.

[207] Destacámos, apenas, os princípios basilares do Direito Penal que apresentam uma relação direta com a problemática com que nos debruçamos.

É por natureza aflitivo na medida em que comporta censura jurídica, privação de um bem ou de um direito e sujeição a constrangimentos vários por parte do responsável pelo facto ilícito[208], os quais só serão legítimos, claro está, se se fundamentarem na aplicação da medida única e estritamente necessária, de modo a *evitar que o sofrimento resultante da pena seja incompatível com a recuperação social do delinquente*[209].

Concluímos, portanto, que a pena criminal se caracteriza pela consequência subjacente à violação de uma norma penal, a qual só será legítima se for necessária e proporcional à medida da culpa demonstrada pelo delinquente, de forma a ser possível, através dessa, a ressocialização (ou socialização) do agente[210].

Já a sanção civil *determina sempre, como consequência jurídica, ou a execução forçada, ou a obrigação de indemnização, ou a obrigação de restituição da coisa, ou a nulidade do acto*[211], tendo assim, como fim, a exigência de reparação do dano causado[212].

Ora, é exatamente a coação infligida ao agente que distingue a sanção civil da sanção penal. Isto porque, enquanto na sanção penal existe uma coação (mormente) pessoal, por forma a punir, na medida do necessário, a conduta-ilícita prosseguida pelo agente, na sanção civil existe uma coação patrimonial, a qual visa a reparação do dano causado. *Intrinsecamente considerando, o ilícito civil afecta de modo principal o interesse de cada pessoa ou de um grupo, isoladamente considerados, enquanto o ilícito penal representa um dano ou perigo público e geral ou pelo menos um dano ou perigo mais vasto e mais intenso relativamente ao ilícito civil*[213].

[208] Marques da Silva, Germano, *Direito Penal Português, Parte Geral, I, Introdução e Teoria da Lei Penal,* 2.ª Edição, Revista, Editorial VERBO, Lisboa, 2001, p. 70.

[209] Marques da Silva, Germano, *Direito Penal Português, Parte Geral, I, Introdução e Teoria da Lei Penal,* 2.ª Edição, Revista, Editorial VERBO, Lisboa, 2001, p. 71.

[210] Importa referir que, para além deste fim imediato subjacente à pena, existem, também, fins mediatos, os quais dão corpo à discussão dos fins das penas como, aliás, vimos antecedentemente.

[211] Marques da Silva, Germano, *Direito Penal Português, Parte Geral, I, Introdução e Teoria da Lei Penal,* 2.ª Edição, Revista, Editorial VERBO, Lisboa, 2001, pp. 136-141.

[212] Também neste sentido, Ferreira Leite, Inês, *Ne (idem) bis in idem, A Proibição de Dupla Punição e de Duplo Julgamento como Contributo para a Racionalidade do Poder Punitivo Público,* Doutoramento em Direito Especialidade de Ciências Jurídico-Criminais, Universidade de Lisboa, Faculdade de Direito, Lisboa, 2014, p. 254 ss.

[213] Marques da Silva, Germano, *Direito Penal Português, Parte Geral, I, Introdução e Teoria da Lei Penal,* 2.ª Edição, Revista, Editorial VERBO, Lisboa, 2001, p. 137.

Como tal, dir-se-ia que, facilmente, poderia traçar-se uma distinção material, porquanto a pena não visa (nem obtém) quaisquer finalidades reparadoras. Esta linearidade é, contudo, desmentida quer pela origem comum do Direito Privado (Civil) e do Direito Penal, quer pelas tendências preventivas do Direito Civil[214]. Na verdade, a distinção entre as finalidades subjacentes aos ramos de Direito ulteriormente mencionados há muito que se têm cruzado.

É, justamente, neste entrelaço que, por um lado, *surgem assim, no Direito Privado, mecanismos sancionatórios atípicos* (...) e, por outro, *o próprio Direito Penal assume, de novo, uma função reparadora, quer possibilitando a extinção da responsabilidade penal mediante a reparação do dano, quer tutelando o direito à reparação da vítima através do processo penal*[215]. Ora, um dos exemplos paradigmáticos da questão consubstancia-se na natureza da indignidade sucessória, a qual será melhor analisada mais adiante, aquando a tomada de posição sobre a natureza do referido instituto.

Ainda assim, cumpre adiantar que a partir do fim dos anos 1970, surgiu, no ordenamento jurídico português, através de algumas manifestações legislativas, a ideia segundo a qual as sanções que se encontravam na fronteira entre sanções civis e sanções penais poder-se-iam designar por "penas privadas", pondo fim, assim, à consequente "anarquia" no enquadramento jurídico das referidas normas sancionatórias[216].

Ora, vários foram os institutos sujeitos a esta análise finalista, entre os quais, destacamos a indignidade sucessória. Para tal, analisaram-se as finalidades prosseguidas pelas sanções-fronteira, tendo-se chegado à conclusão de que, para que se revelassem verdadeiras "penas privadas" era necessário, que as referidas sanções civis se qualificassem pelo seu carácter absolutamente punitivo. *Embora a prevalência de uma finalidade*

[214] Ferreira Leite, Inês, *Ne (idem) bis in idem, A Proibição de Dupla Punição e de Duplo Julgamento como Contributo para a Racionalidade do Poder Punitivo Público,* Doutoramento em Direito Especialidade de Ciências Jurídico-Criminais, Universidade de Lisboa, Faculdade de Direito, Lisboa, 2014, p. 254 ss.

[215] Ferreira Leite, Inês, *Ne (idem) bis in idem, A Proibição de Dupla Punição e de Duplo Julgamento como Contributo para a Racionalidade do Poder Punitivo Público,* Doutoramento em Direito Especialidade de Ciências Jurídico-Criminais, Universidade de Lisboa, Faculdade de Direito, Lisboa, 2014, p. 254 ss.

[216] Também neste sentido, Ferreira Leite, Inês, *Ne (idem) bis in idem, A Proibição de Dupla Punição e de Duplo Julgamento como Contributo para a Racionalidade do Poder Punitivo Público,* Doutoramento em Direito Especialidade de Ciências Jurídico-Criminais, Universidade de Lisboa, Faculdade de Direito, Lisboa, 2014, p. 254 ss.

punitiva seja indicada por toda a doutrina, alguns autores exigem ainda que a sanção civil decorra de norma legal injuntiva e seja aplicada pelos órgãos jurisdicionais para que se trate de uma verdadeira "pena privada"[217].

Ainda que infrutífera, a antecedente análise permitiu refletir sobre os verdadeiros fins prosseguidos pelas sanções-fronteira que, como veremos mais adiante, ganha especial relevo no âmbito do princípio do *ne bis in idem* e, consequentemente, nas conclusões resultantes do presente estudo.

2.3. Destrinça entre penas acessórias e meros efeitos (civis ou penais)

Feita a destrinça entre a sanção penal e a sanção civil cumpre agora analisar o alcance jurídico das penas acessórias, por forma a averiguar, se a declaração de indignidade sucessória pode, no caso do crime de Violência Doméstica, consubstanciar-se numa pena acessória ou, pelo contrário, se deve concretizar num mero efeito da sentença.

As penas acessórias, para que sejam justapostas, implicam a aplicação de uma pena principal ou de substituição, sem a qual não seria possível a aplicação da pena acessória. É, tal como o nome indica, uma pena acessória que apenas deverá ser aplicada quando assim se justifique, isto é, quando os pressupostos subjacentes à sua aplicação se encontrem preenchidos. Por essa razão, é possível verificar que, ainda que acessórias à pena principal ou de substituição, as sanções acessórias gozam de autonomia perante essas, uma vez que dependem de pressupostos distintos.

Todavia, ainda que com objetivos distintos, tanto as penas acessórias como as penas principais encontram-se sujeitas aos princípios constitucionais e penais vigentes no ordenamento jurídico português. Por esse motivo, as penas acessórias seguem não só o princípio da legalidade, da culpa, da proporcionalidade e do *ne bis in idem*, mas também um conjunto de critérios intransponíveis, tendo por isso de se qualificar como prévias, escritas, estritas e certas. Ademais, as penas, sejam elas principais, substitutivas ou acessórias, não podem, em caso algum, revelar um carácter automático, fixo ou perpétuo.

[217] FERREIRA LEITE, Inês, *Ne (idem) bis in idem, A Proibição de Dupla Punição e de Duplo Julgamento como Contributo para a Racionalidade do Poder Punitivo Público*, Doutoramento em Direito Especialidade de Ciências Jurídico-Criminais, Universidade de Lisboa, Faculdade de Direito, Lisboa, 2014, p. 1070 ss.

No que concerne ao ordenamento jurídico português, as penas acessórias encontram-se explanadas nos artigos 65.º ss CP, sendo vários os exemplos e alcances prosseguidos pela referidas sanções. Neste contexto, é, a nosso ver, importante destacar o conteúdo normativo dispostos nos números 1 e 2 do artigo 65.º CP, os quais pautam que (1) *nenhuma pena envolve como efeito necessário a perda de direitos civis, profissionais ou políticos* (2) *a lei pode fazer corresponder a certos crimes a proibição do exercício de determinados direitos ou profissões.* Como veremos mais adiante, o número 1 do artigo 65.º CP, transpõe, *ipsis verbis*, o conteúdo normativo regulado no número 4 do artigo 30.º CRP, sendo, aliás, justamente, nessa senda que se aponta a questão dos efeitos das penas.

Ora, como atrás referenciámos, as penas acessórias encontram-se sujeitas a certos princípios e critérios, sem os quais, a medida concreta da pena revelar-se-ia inconstitucional. Por essa razão, julgamos relevante mencionar, em traços gerais, os principais fins prosseguidos por cada princípio supracitado[218].

O princípio da legalidade ou o princípio *nullum crimne, nulla pœna sine lege*, determina que não haverá crime, nem pena que não resultem da lei prévia, escrita, estrita e certa[219].

Este princípio, ainda que, expressamente, só tenha sido observado, pela primeira vez, na doutrina do contrato social, a verdade é que já se encontravam vestígios deste que viria a ser um dos princípios basilares do Direito Penal, na Magna Carta e, posteriormente, na *Bill of Rights*. Ora, entre nós, o princípio da legalidade encontra-se pautado no número 1 do artigo 29.º CRP, o qual determina que, *ninguém pode ser sentenciado criminalmente senão em virtude de lei anterior que declare punível a ação ou a omissão, nem sofrer medida de segurança cujos pressupostos não estejam fixados em lei anterior*, bem como no número 1 do artigo 1.º CP, do qual se emana que *só pode ser punido criminalmente o facto descrito e declarado passível de pena por lei anterior ao momento da sua prática.*

218 Importa clarificar que as penas *lato sensu*, encontram-se sujeitas a outros princípios constitucionais e penais. Todavia, em razão do tempo, apenas destacamos os princípios que, a nosso ver, relevam, diretamente, para a problemática aqui em causa, a qual se funda na questão de saber se indignidade sucessória deverá qualificar-se como uma pena acessória ou, se pelo contrário, deverá ser valorada como um mero efeito da pena.

219 FIGUEIREDO DIAS, Jorge, *Direito Penal, Parte Geral, Questões Fundamentais, A Doutrina Geral do Crimes*, Tomo I, 2.ª Edição, Coimbra Editora, Coimbra, 2007, pp. 177-183.

Posto isto, é possível verificar que, do princípio da legalidade decorrem dois corolários, designadamente, o princípio da tipicidade e o princípio da proibição da analogia, segundo os quais, para que uma conduta seja relevante jurídico-penalmente, é necessário que essa mesma conduta se encontre previamente determinada na lei, não sendo, para tal, permitido uma interpretação para lá do *limite máximo da interpretação da lei penal*[220]. Desta forma, compreende-se que, a intervenção do direito penal fundamentar-se-á na própria existência de normas penais, sem as quais a sua ingerência é desprovida de legitimidade, mas também que, a interpretação dos referidos preceitos penais não pode, em caso algum, superar o sentido máximo permitido às expressões congregadas na norma. É, justamente, neste sentido, que o número 3 do artigo 1.º CP determina *que não é permitido o recurso à analogia para qualificar um facto como crime, definir um estado de perigosidade ou determinar a pena ou medida de segurança que lhes corresponde,* querendo assim concluir que *os tipos de crimes são um exemplo eloquente da utilidade e conveniência, da necessidade e da vontade, de fechar os tipos de delimitar os catálogos de acções criminosas quando é preciso assegurar o princípio "nullum crimen sine lege", como mandamento de justiça e de segurança, de modo a dar certeza e sindicabilidade à aplicação da lei penal*[221].

O princípio da culpa ou da culpabilidade é considerado (pela maioria da doutrina e da jurisprudência portuguesa) como o fundamento e o limite da pena, quer isto dizer que, a medida concreta da pena aplicada deve refletir a culpa do delinquente, a qual *pressupõe a consciência ética, isto é, a capacidade prática da pessoa de dominar e dirigir os próprios impulsos psíquicos e de ser motivado por valores de liberdade de agir*[222]. Justamente, por essa razão, se explica, por exemplo, a figura da inimputabilidade tanto em razão da idade como de anomalia psíquica (artigos 19.º e 20.º CP) ou o estado de necessidade desculpante (artigo 35.º CP), em que

220 *O limite máximo da interpretação da lei penal é o "sentido literal possível" dos termos linguísticos utilizados ma redacção do texto. Em direito penal toda a interpretação que exceda este sentido literal possível (...) deixa de ser interpretação para se converter em criação do direito por via judicial ou doutrinal e, na medida em que sirva para fundamentar ou agravar a responsabilidade penal, viola o princípio da legalidade,* SIMAS SANTOS Manuel e LEAL-HENRIQUES, Manuel, *Código Penal anotado art.º 1.º ao 69.º*, Vol. I, 4.ª Edição, Rei dos Livros, Lisboa, 2014, p. 63.

221 PAIS DE VASCONCELOS, Pedro, *Contratos Atípicos,* colecção teses, Almedina, Lisboa, 2009, 2.ª Edição, p. 87.

222 FIGUEIREDO DIAS, Jorge, *Direito Penal, Parte Geral, Questões Fundamentais, A Doutrina Geral do Crimes,* Tomo I, 2.ª Edição, Coimbra Editora, Coimbra, 2007, pp. 91-106.

se considera que estamos mediante uma causa de exclusão da culpa ou perante uma causa desculpante.

Diz-nos o Ac. TC n.º 95/2001, de 13 de março de 2001, que *não é admissível pena sem culpa, nem em medida tal que exceda a da culpa. Ou seja: há-de ser um direito penal de culpa* (...), do qual emana, consequentemente que, *a necessidade da pena* – (...) *há-de ser uma pena de culpa* – face ao facto de limitar *o* âmbito *de intervenção do direito penal, sendo mesmo o critério decisivo dessa intervenção*[223].

A doutrina e a jurisprudência maioritária asserta que este princípio, fundamentador e limitador da medida da pena, e expressamente determinado no número 2 do artigo 40.º CP, resulta da conjugação de vários preceitos constitucionais, entre os quais se destacam, o artigo 1.º CRP, de onde emana o princípio da dignidade da pessoa humana, o artigo 18/2.º CRP, que regula o balanceamento entre a legitimidade das limitações de direitos e a efetiva necessidade, adequação e proporcionalidade das penas, o artigo 25/1.º CRP, que determina que a integridade pessoal das pessoas é inviolável e, finalmente, o artigo 30/1.º CRP, que delimita os limites das penas e das medidas de segurança, o qual abordaremos, pormenorizadamente, mais adiante.

Ora, é, como dissemos, pela conjugação dos princípio acima descritos que o princípio da culpa resulta e é segundo este último que decorre a ideia de que *ninguém, num sistema penal democrático, é qualificado como delinquente por ter certas qualidades ou defeitos segundo os critérios sociais dominantes. O homem é delinquente por haver agido, violando o dever de não agir, ou omitindo o cumprimento de um dever jurídico de agir, por própria opção, com consciência e vontade de obedecer à lei*[224]. Foi em razão do princípio da culpa ou da culpabilidade que a teoria retributiva perdeu expressão nos ordenamentos jurídicos que se fundamentam no princípio do Estado de Direito Democrático, uma vez que seria inaceitável, à luz do referido princípio, garantir a dignidade da pessoa humana e, neste caso, a dignidade do delinquente, sem ter por base a ideia segundo o qual a culpa deve ser o fundamento e o limite da pena. Mais a mais, *o princípio da culpabilidade serve também como protecção da pessoa contra os excessos da inter-*

[223] Ac. TC n.º 95/2001, 13 de março de 2001 disponível em www.dre.pt.

[224] VICENTE CERNICCHIARO, Luiz e JOSÉ DA COSTA JR. Paulo, *Direito Penal da Constituição*, 3.ª Edição, Editora Revista dos Tribunais, São Paulo, Brasil, 1995, p. 147.

venção repressiva do Estado e preocupa-se em que a pena seja limitada a condutas que mereçam um juízo de desvalor ético-social[225]. Quer isto significar que o princípio da culpa ou da culpabilidade e o princípio do Estado de Direito Democrático se encontram, no âmbito jurídico-penal, numa relação circular em que um salvaguarda o outro, simultaneamente.

Quanto ao princípio da proporcionalidade ou o princípio da proibição do excesso, cumpre esclarecer que o referido princípio *preconiza o justo equilíbrio entre os interesses em conflito, obrigando o legislador, os juízes e demais operadores do direito a ponderar os interesses em conflito para em função dos valores subjacentes e os fins prosseguidos os resolver segundo a medida adequada*[226].

Entre nós, o princípio da proporcionalidade encontra-se disposto no número 2 do artigo 18.º CRP, o qual determina que *a lei só pode restringir os direitos, liberdades e garantias nos casos expressamente previstos na Constituição, devendo as restrições limitar-se ao necessário para salvaguardar outros direitos ou interesses constitucionalmente protegidos.*

Nesta senda, cumpre explicitar que ao supradito princípio encontram-se subjacentes três corolários – a adequação, a necessidade e a proporcionalidade *stricto sensu* – que permitem a valoração da proporcionalidade ou desproporcionalidade da medida ou natureza da pena.

Assim, para que a sanção penal seja provida de proporcionalidade é necessário verificar-se, por um lado, se a sanção é adequada, isto é, se a pena escolhida é apropriada, tendo em consideração os contornos do crime e os pressupostos e fins da norma; por outro, se a sanção penal é necessária, ou seja, se os fins prosseguidos pela sanção são, em virtude da culpa do agente, os menos gravosos para salvaguardar os interesses lesados (princípio da intervenção mínima); e, finalmente, se a sanção penal é proporcional em sentido restrito, isto é, se ao compararmos a gravidade do crime, com o risco de reincidência do delinquente na prática do mesmo crime, com a efetiva gravidade da pena, a sanção é ou não proporcional *stricto sensu.*

Sem a presença comprovada da adequação, necessidade e proporcionalidade em sentido restrito, a medida da pena ou a natureza da pena não será legitima à luz dos princípios morfológicos do direito penal.

[225] FIGUEIREDO DIAS, Jorge, *Direito Penal, Parte Geral, Questões Fundamentais, A Doutrina Geral do Crimes*, Tomo I, 2.ª Edição, Coimbra Editora, Coimbra, 2007, pp. 91-106.

[226] FIGUEIREDO DIAS, Jorge, *Direito Penal, Parte Geral, Questões Fundamentais, A Doutrina Geral do Crimes*, Tomo I, 2.ª Edição, Coimbra Editora, Coimbra, 2007, p. 86.

Neste sentido, poder-se-á concluir, que o princípio da proporcionalidade baseia-se na verificação, cumulativa, dos referidos corolários, bastando a ausência de um para que a pena não seja legitima.

Finalmente, o princípio *ne bis in idem*, determina que ninguém pode ser julgado, mais do que uma vez, sobre o mesmo facto. Este princípio, para além de ter fundamento constitucional, designadamente, no número 5 do artigo 29.º CRP tem, também, fundamento no artigo 4.º do Protocolo n.º 7 da Convenção Europeia dos Direitos do Homem, de 22 de novembro de 1984, o qual determina no número 1 que *ninguém pode ser penalmente julgado ou punido pelas jurisdições do mesmo Estado por motivo de uma infracção pela qual já foi absolvido ou condenado por sentença definitiva, em conformidade com a lei e o processo penal desse Estado.*

Ora, decorre da norma constitucional e da norma convencional dois pontos de igual relevo, mas com perspetivas distintas. Por um lado, como aliás já fizemos referência, impede que o cidadão seja punido pelo mesmo crime mais do que uma vez, ou seja, existe um direito constitucional que protege o arguido de ser condenado pelo mesmo facto que outrora já tinha sido sentenciado. Por outro, impõe ao legislador a tarefa de proteger esse mesmo direito, ou seja, institui um dever, ao legislador e ao Estado, de salvaguarda do referido direito.

Neste sentido, importa clarificar que, ao dizer-se que o arguido não pode ser condenado pelo mesmo facto, não quer significar que ao arguido não possam ser aplicadas duas penas, justificando-se, nesta medida, a conclusão de que, sobre o mesmo facto pode resultar uma pena principal e uma pena acessória. Isto porque, como atrás mencionamos, os pressupostos da aplicação de uma pena principal são distintos da aplicação de uma pena acessória, pelo que, não faria sentido impedir-se a dupla sanção quando estas provêm de critérios díspares, por um lado, e, por outro, não podemos deixar de relevar que a *sanção que suscita efeitos de ne bis in idem é aquela que assume uma natureza essencialmente punitiva*[227].

[227] Quer isto significar que, para que exista uma violação do princípio resultante da norma constitucional 29/5.º é necessário que as duas normas aplicadas se qualifiquem pelo seu carácter punitivo. Também neste sentido, Ferreira Leite, Inês, *Ne (idem) bis in idem, A Proibição de Dupla Punição e de Duplo Julgamento como Contributo para a Racionalidade do Poder Punitivo Público,* Doutoramento em Direito Especialidade de Ciências Jurídico-Criminais, Universidade de Lisboa, Faculdade de Direito, Lisboa, 2014, p. 1047 ss.

Voltando um pouco atrás, designadamente no que respeita ao artigo 4.º do Protocolo n.º 7 da Convenção Europeia dos Direitos do Homem o número 2 ressalva que *as disposições do número anterior não impedem a reabertura do processo, nos termos da lei e do processo penal do Estado em causa, se factos novos ou recentemente revelados ou um vício fundamental no processo anterior puderem afectar o resultado do julgamento,* o qual veio a dar corpo ao número 2 do artigo 79.º do CP que determina que, no âmbito da punição do crime continuado, *se, depois de uma condenação transitada em julgado, for conhecida uma conduta mais grave que integre a continuação, a pena que lhe for aplicável substitui a anterior.*

Nesta senda, é possível concluir que o princípio *ne bis in idem,* ao contrário dos princípios sobreditos, se caracteriza pela sua natureza relativa (e, portanto, não absoluta). Aliás, a exceção anteriormente disposta revela a possibilidade de uma segunda sentença sobre o mesmo facto, desde que, (sendo este o critério decisivo) o crime em causa se consubstancie num crime continuado[228]. Isto porque, *no pensamento do legislador, seria incompreensível que situações incluídas naquela continuação ficassem sem pena pela circunstância fortuita de não serem conhecidos à data da formulação da acusação*[229].

Já no que diz respeito aos critérios concretizadores das penas acessórias, importa mencionar que as normas penais, para que sejam constitucionalmente legítimas têm, de um ponto de vista positivo, de se revelar prévias, escritas, estritas e certas e, de um ponto de vista negativo, não podem ser fixas, perpétuas nem automáticas.

[228] O crime continuado encontra-se disposto no número 2 do artigo 30.º CP, o qual determina que *constitui um só crime continuado a realização plúrima do mesmo tipo de crime ou de vários tipos de crime que fundamentalmente protejam o mesmo bem jurídico, executada por forma essencialmente homogénea e no quadro da solicitação de uma mesma situação exterior que diminua consideravelmente a culpa do agente,* sendo que o número 3 do mesmo artigo ressalva que o disposto no número anterior não abrange os crimes praticados contra bens eminentemente pessoais. Como nos ensina, neste âmbito, o Professor Eduardo Correia, o *pressuposto da continuação criminosa será verdadeiramente a existência de uma relação que, de fora, e de maneira considerável, facilitou a repetição da actividade criminosa, tornando cada vez menos exigível ao agente que se comporte de maneira diferente, isto é, de acordo com o direito,* Correia, Eduardo, *Direito Criminal,* Almedina, Reimpressão da edição de 2015, Coimbra, 2016, pp. 210-211.

[229] Ac. TRP, de 09 de março de 2016, Processo n.º 11744/13.7TDPRT.P1, Relator: Jorge Langweg, disponível em www.dgsi.pt.

Quanto aos critérios positivos, não são mais do que a concretização do princípio *nullum crimen, nula pœne sine lege*. Como sabemos, o princípio da legalidade impõe que as sanções penais se encontrem clara e expressamente definidas na lei, *estando tal condição preenchida sempre que o interessado possa saber, a parir da disposição pertinente, quais os actos ou omissões que determinam* [a] *responsabilidade penal e as respectivas consequências*[230].

No que respeita aos critérios negativos, a situação é semelhante à ulterior, uma vez que estes, se caracterizam, também, pela materialização de vários princípios constitucionais, designadamente o princípio da culpa ou da culpabilidade, da proporcionalidade, da igualdade, da dignidade da pessoa humana, entre outros. O número 1 do artigo 30.º da Constituição diz-nos, neste sentido, que *não pode haver penas nem medidas de segurança privativas ou restritivas da liberdade com carácter perpétuo ou de duração ilimitada ou indefinida,* acrescentando, no número 4 do mesmo preceito constitucional que *nenhuma pena envolve como efeito necessário a perda de quaisquer direitos civis, profissionais ou políticos,* o qual se concretiza, *ipsis verbis,* no número 1 do artigo 65.º CP.

Pois bem: um direito penal de culpa não é compatível com a existência de penas fixas: de facto, sendo a culpa não apenas o princípio fundante da pena, mas também o seu limite, é em função dela (e, obviamente também, das exigências de prevenção) que, em cada caso, se há-de encontrar a medida concreta da pena, situada entre o mínimo e o máximo previsto na lei para aquele tipo de comportamento[231]. Ora, se existissem penas fixas, não era necessário determinar-se a medida concreta da pena, com base na culpa do agente, uma vez que a pena já se encontrava previamente fixada pelo legislador. Posto isto, ao não ser necessário analisar o grau de culpa ou as circunstâncias concretas do crime[232], desconsiderar-se-ia, por completo, o princípio da culpa e, por conseguinte, a pena seria, à luz dos princípios vigentes no nosso ordenamento jurídico – de onde emanam os princípios de um Estado de

[230] Ac. STJ, de 28 de setembro de 2005, Processo n.º 05P1831, Relator: Henriques Gaspar, disponível em www.dgsi.pt.

[231] Ac. TC n.º 95/2001, 13 de março de 2001, disponível em: www.dre.pt.

[232] Ademais, *a previsão pela lei de uma pena fixa também não permite que o juiz, na determinação concreta da medida da pena, leve em consideração o grau de ilicitude do facto, o modo de execução do mesmo e a gravidade das suas consequências, nem tão-pouco o grau de violação dos deveres impostos ao agente, nem as circunstâncias do caso que, não fazendo parte do tipo de crime, deponham a favor ou contra ele,* Ac. TC n.º 95/2001, 13 de março de 2001, disponível em: www.dre.pt.

Direito Democrático e dos quais se destacam os princípios da dignidade da pessoa humana, presente no artigo 1.º CRP, da proporcionalidade, disposto no artigo 18/2.º CRP e da igualdade pautado no artigo 13.º CRP –, ilegítima[233].

Já no caso do carácter perpétuo, cumpre esclarecer que desde a Reforma de Sampaio e Melo, em 1884, que as penas com carácter perpétuo se encontram abolidas do ordenamento jurídico português. É aliás, nesse sentido, que o número 1 do artigo 30.º CRP determina que *não pode haver penas nem medidas de segurança privativas ou restritivas da liberdade com carácter perpétuo ou de duração ilimitada ou indefinida,* outrossim, pauta o artigo 41/1 e 2.º CP que estabelece o limite mínimo e máximo da pena e, ainda, o artigo 40.º do CP, que menciona que *aplicação de penas e de medidas de segurança visa a protecção de bens jurídicos e a reintegração do agente na sociedade.*

Nesta ocasião, fixou o Ac. TC n.º 1/2001, de 08 de fevereiro de 2001, *que a pena perpétua é uma pena fixa, que não pode variar segundo a medida da culpa. As* únicas variações que admite são indirectas, através da substituição por outra pena, ou através do regime da sua execução. A pena perpétua é sempre imperfeitamente retributiva, pelo que haveria que demonstrar a necessidade (face ao princípio geral do artigo 18.º, n.º 2, da Constituição) dessa limitação ao princípio da culpa. Ora, a prisão perpétua é constitucionalmente tida por desnecessária (...), uma vez que, *tira todo o sentido racional que deve ter a execução de qualquer pena ou medida de segurança. A recuperação do delinquente é uma obrigação do Estado na medida do possível (artigos 1.º, 2.º e 18.º da Constituição), e a Constituição, independentemente da questão filosófica do livre arbítrio e do determinismo, obriga as entidades públicas e privadas a tratarem as pessoas como livres (artigos 1.º a 27.º da Constituição) e, portanto, susceptíveis de escolherem o bem e de se recuperarem para a sociedade, se é caso disso*[234].

[233] Também neste sentido Figueiredo Dias asserta, *depois de dizer que decorre da Constituição que a determinação da pena exige cooperação – "mas também, por outro lado, uma separação de tarefas e de responsabilidades tão nítida quanto possível – entre o legislador e o juiz", sublinha que "uma responsabilização total do legislador pelas tarefas de determinação da pena conduziria à existência de penas fixas e, consequentemente, à violação do princípio da culpa e (eventualmente também) do princípio da igualdade",* Figueiredo Dias, *Direito Penal Português, As Consequências Jurídicas do Crime,* Coimbra Editora, Coimbra, 1993, p. 193 e também assim no Ac. TC n.º 95/2001, 13 de março de 2001, disponível em: www.dre.pt.

[234] Ac. TC n.º 1/2001, 08 de fevereiro de 2001, disponível em www.dre.pt.

Em virtude do acima mencionado, é possível concluir que o carácter perpétuo das penas vai contra os mais elementares direitos e princípios constitucionais, bem como contra um dos principais fins das penas, designadamente a ressocialização ou socialização do delinquente na sociedade, sendo por isso, ilegítima.

Finalmente, quanto à proibição da aplicação automática das penas cumpre esclarecer que a automaticidade encontra-se expressamente determinada no artigo 30/4.º CRP e no artigo 65/1.º CP.

Ora, através dos referidos preceitos pauta-se que *nenhuma pena envolve como efeito necessário a perda de quaisquer direitos civis, profissionais ou políticos. Com efeito duas interpretações divergentes têm sido propostas para o n.º 4 do art. 30.º da Constituição: uma que apenas proíbe que a condenação em certa pena (principal) implique a perda de quaisquer direitos profissionais, civis ou políticos, mas admite que tal perda se siga, necessariamente, à condenação pela prática de certos crimes; outra que entende que a norma, pelo contrário, proíbe a existência de penas acessórias automáticas ou efeitos de condenação, quer sejam consequência da condenação em determinada pena principal, quer sejam, antes, consequência da condenação por determinado crime*[235]. Dito de outro modo, a primeira tese defende que a automaticidade é proibida no que concerne às penas e, a segunda, mais ampla, que entende que os efeitos automáticos dos crimes são proibidos. É, no sentido desta última tese, que a jurisprudência e, em especial, o Tribunal Constitucional têm proferido as suas decisões.

Vislumbra-se, portanto, que para a maioria da jurisprudência e da doutrina portuguesa, é inconcebível, à luz do artigo 30/4.º CRP possibilitar os efeitos automáticos da prática de certos crimes, uma vez que, estar-se-ia a violar um quase sem fim de princípios fundamentais tutelados pelo nosso ordenamento jurídico, entre os quais, o princípio da culpa, da proporcionalidade, da dignidade da pessoa humana e da igualdade.

Também no que diz respeito às penas acessórias, o digníssimo Tribunal Constitucional tem-se pronunciado no mesmo sentido, no que se refere, à maioria das questões levantadas[236] [237]. Neste âmbito importa

[235] Simas Santos Manuel e Leal-Henriques, Manuel, *Código Penal anotado art.º 1.º ao 69.º*, Vol. I, 4.ª Edição, Rei dos Livros, Lisboa, 2014, pp. 890-915.

[236] Neste sentido, veja-se Ac. TC n.º 16/84, de 12 de maio de 1984, o Ac. TC n.º 282/86, 11 de novembro de 1986, o Ac. TC n.º 284/89, 12 de junho de 1989, entre outros disponíveis em www.dre.pt.

[237] Em sentido oposto, o digníssimo Tribunal Constitucional tem considerado que a pena acessória de perda de mandato não configura, em si mesma, um efeito automático erradicá-

destacar a argumentação defendida pelo Ac. TC n.º 127/84, de 12 de março de 1985, no âmbito da averiguação da inconstitucionalidade do artigo 37/1.º CJM, o qual asserta que *a) a demissão de que aí [artigo 37.º, n.º 1, do CJM] se fala não é a demissão enquanto "pena acessória" a que se refere o artigo 33.º* [do mesmo diploma]; *b) não é uma pena a que o réu seja condenado, mas sim uma consequência "produzida" ope legis pela condenação a uma pena propriamente dita, qualquer que esta seja; c) um tal "efeito da pena" "executa-se" uma vez transitada a sentença condenatória e não precisa sequer de ser mencionado nesta [artigo 35.º].*

Neste sentido, é possível concluir que as consequências ou os efeitos *ope legis* – isto é, os efeitos decorrentes, automaticamente, da lei –, subjacentes à condenação penal, são proibidos à luz do artigo 30/4.º Constituição, ao passo que, os efeitos *ope judicis*, isto é, os efeitos que se evidenciam com a ajuda do Juiz, são permitidos[238].

Já no que diz respeito aos efeitos substantivos civis, estes qualificam-se por situações reguladas, do ponto de vista disciplinar ou sancionatório, num ramo de direito distinto do direito civil, mas em que os efeitos daí decorrentes seguem as premissas civis.

Ora, vários são os exemplos possíveis de elencar de situações em que a parte disciplinar é prevista num ramo de direito e a parte substantiva é conjeturada noutro. Aliás, como nos é ensinado pelo Professor Oliveira Ascensão, no que diz respeito aos efeitos substantivos do registo predial, o Professor asserta que *o Código Civil não tomou sobre si encargo de disciplinar matérias de registo predial. Considerou que isso cabia à lei do registo e por isso as referências que inclui são incidentais e fragmentárias. (...) Por seu lado, o Código do Registo Predial contém o direito do registo, que considerará reservados à lei substantiva.*

Desta forma, e tendo em consideração a discussão que aqui nos importa, designadamente, a destrinça entre penas acessórias, efeitos das penas e efeitos substantivos civis, é possível compilar um conjunto de conclusões.

vel uma vez que, a *perda de mandato se apresenta como uma característica historicamente ligada de forma indissociável ao próprio conceito de crime de responsabilidade, pelo que não repugna aceitar que ela se configure, in casu, como efeito automático da condenação,* Ac. TC n.º 274/90, 20 de fevereiro de 1991, disponível em www.dre.pt.

238 Neste sentido, Simas Santos Manuel e Leal-Henriques, Manuel, *Código Penal anotado art.º 1.º ao 69.º*, Vol. I, 4.ª Edição, Rei dos Livros, Lisboa, 2014, p. 894.

Por um lado, as penas acessórias encontram-se sujeitas a um conjunto de princípios constitucionais e penais que vigoram no nosso ordenamento jurídico e, sem a presença dos quais, a aplicação de qualquer pena e, *in casu*, a aplicação de qualquer pena acessória, revela-se ilegítima.

Ademais, da concretização desses princípios (da culpa, da proporcionalidade, da igualdade, da dignidade da pessoa humana, etc.) resulta um conjunto de características inerentes às penas acessórias, segundo as quais, as sanções acessórias têm de se qualificar como prévias, escritas, estritas e certas, por um lado, e não podem ser fixas, perpétuas ou automáticas, por outro, existindo por isso, dois tipos de características exigidas – um positivo e outro negativo –, para que se confirme a legitimidade das penas.

Outrossim, o preceito constitucional disposto no artigo 30/4.º CRP e o artigo 65/1.º CP, determinam, expressamente, que ninguém pode sofrer como efeito necessário resultante de uma pena a perda de quaisquer direitos civis, profissionais ou políticos, impedindo, assim, a existência de efeitos automáticos *ope legis*, ou seja, que decorram da violação do referido preceito. Foi também possível verificar, no que concerne ao normativo 30/4.º CRP, que os efeitos *ope judicis* são permitidos.

Finalmente, quanto aos efeitos substantivos civis, vislumbrámos que se caracterizam por situações em que um certo instituto é legislado por dois ramos distintos, isto é, um legisla a parte substantiva e outro tutela a parte disciplinar ou sancionatória.

Dito isto, vislumbra-se que a questão aqui em causa é saber, portanto, se ao aumentar-se o leque das causas de indignidade sucessória, integrando, nesta senda, o crime de Violência Doméstica como causa suficiente para a indignidade, a declaração resultante de um processo condenatório de um arguido pelo crime disposto no preceito 152.º CP e, a sequente declaração de indignidade sucessória, seria (esta última) uma pena acessória, um efeito automático do crime ou um efeito substantivo civil. Dito de outra forma, a declaração de indignidade sucessória pelo crime de Violência Doméstica consubstancia-se numa pena acessória, num mero efeito da pena ou num efeito substitutivo civil?

Ora, por forma a responder à questão *supra* descrita é necessário, antes demais, analisar a Lei n.º 82/2014, de 30 de dezembro.

2.4. Análise da Lei n.º 82/2014, de 30 de dezembro

A Lei n.º 82/2014, de 30 de dezembro teve como objeto criar uma pena acessória de declaração de indignidade sucessória, por forma a declarar indigno o herdeiro legitimário condenado pelo crime de homicídio por Violência Doméstica e, consequentemente, alterar parte do regime disposto nos artigo 2034.º ss CC[239].

Ora, em jeito de curiosidade, o episódio que desencadeou a iniciativa legislativa reporta-se a *novembro de 2012, no âmbito do Dia Internacional de Erradicação da Violência contra as Mulheres, o Departamento Nacional das Mulheres Socialistas sugeriu à Câmara Municipal de Lisboa que, em pareceria com o Observatório das Mulheres Assassinadas da UMR, descerrasse uma placa invocativa com o nome das mulheres que tinham sido mortas na cidade de Lisboa às mãos dos seus maridos, companheiros ou namorados. Para que este gesto simbólico fosse levado a cabo era necessária a autorização dos herdeiros legais dessas mulheres. E foi numa rua de Lisboa, à conversa com um vizinho de uma destas mulheres, que nos confrontámos com o facto de que aquele que podia dar a autorização para a utilização do nome na placa de homenagem era o próprio homicida, porque, não havendo outros familiares próximos, ninguém tinha intentado uma ação a solicitar a indignidade sucessória, o que levava a que neste caso, este homem, a cumprir pena por ter assassinado a mulher, estivesse a receber uma pensão de sobrevivência por morte da vítima*[240].

Foi, portanto, através deste testemunho, relatado pela deputada Catarina Marcelino, que se apresentaram propostas de lei, provenientes de várias bancadas parlamentares, com o intuito de suprir aquela, que era, uma das maiores lacunas no direito civil e penal do nosso ordenamento jurídico.

Neste contexto foram apresentadas três iniciativas parlamentares[241], as quais, ainda que essencialmente semelhantes, distinguiam-se em certos pontos, conforme verificaremos adiante.

[239] [2]O Projeto de Lei n.º 632/XII/3.ª, 08 de julho de 2014, assertava que *com o presente projecto de lei pretende-se melhorar as condições de efectividade da declaração de indignidade sucessória contra os condenados pelo crime de homicídio por violência doméstica*, disponível em www.parlamento.pt.

[240] Diário da Assembleia da República, 1.ª Série, n.º 4, de 25 de setembro de 2014, disponível em www.parlamento.pt.

[241] Projeto Lei n.º 632/XII/3.ª(PS), 08 de julho de 2014, Projeto Lei n.º 653/XII/4.ª (PSD/CDS-PP), de 19 de setembro de 2014 e Projeto Lei n.º 662/XII/4.ª (BE), de 19 de setembro de 2014.

Nesta senda, dizia-nos o Projeto Lei n.º 632/XII/3.ª, de 08 de julho de 2014, que *a sentença que condenar por crime de homicídio praticado contra o autor da sucessão ou contra o seu cônjuge, descendente, ascendente, adotante ou adotado, tal como previsto no artigo 2034.º do Código Civil, pode, desde logo, declarar a indignidade sucessória do condenado, sem prejuízo do disposto no artigo 2036.º do Código Civil*[242]. Também no mesmo sentido, o Projeto Lei n.º 653/XII/4.ª propunha que *a sentença que condenar autor ou cúmplice de crime de homicídio doloso, ainda que não consumado, contra o autor da sucessão ou contra o seu cônjuge, descendente, ascendente, adotante ou adotado, pode declarar a indignidade sucessória do condenado, nos termos e para os efeitos previstos na alínea a) do artigo 2034.º e no artigo 2037.º do Código Civil, sem prejuízo do disposto no artigo 2036.º do mesmo Código*. Em sentido oposto, o Projeto Lei n.º 662/XII/4.ª propunha que *a sentença que condenar por crime de homicídio doloso, ainda que não consumado, praticado contra o autor da sucessão ou contra o seu cônjuge, descendente, ascendente, adotante ou adotado, deve declarar a indignidade sucessória do condenado, nos termos previstos no artigo 2034.º do Código Civil.*

Ora, é possível concluir que, tanto a primeira iniciativa como a segunda tinham como objeto possibilitar, em sede de sentença condenatória, a declaração de indignidade sucessória. Propunham, portanto, uma faculdade *ope judicis* e não *ope legis*. A única diferença baseava-se tão-só no acrescento da expressão "ainda que não consumado" possibilitando, assim, a mesma conduta nos casos de tentativa. Já a terceira iniciativa, mencionava que o Tribunal tinha como dever declarar a indignidade sucessória do condenado.

Foi, portanto, através das referidas propostas de lei que criaram e, concludentemente, aprovaram a trigésima quarta alteração ao Código Penal, a qual se consubstanciou no aditamento da pena acessória de declaração de indignidade sucessória, passando a constar no artigo 69.º-A, bem como a consequente alteração do Código Civil, ao qual acrescentaram dois números ao artigo 2036.º CC. Desta feita, é agora possível precelecionar que *a sentença que condenar autor ou cúmplice de crime de homicídio doloso, ainda que não consumado, contra o autor da sucessão ou contra o seu cônjuge, descendente, ascendente, adotante ou adotado, pode declarar a indignidade sucessória do condenado, nos termos e para os efeitos previstos na alínea a) do*

242 Projeto Lei n.º 632/XII/3.ª (PS), 08 de julho de 2014, disponível em www.parlamento.pt.

artigo 2034.º e no artigo 2037.º do Código Civil, sem prejuízo do disposto no artigo 2036.º do mesmo Código (artigo 69.º-A CP). Ademais, esclareceu-se que *caso o único herdeiro seja o sucessor afetado pela indignidade, incumbe ao Ministério Público intentar a ação prevista no número anterior* (artigo 2036/2.º CC) e *caso a indignidade sucessória não tenha sido declarada na sentença penal, a condenação a que se refere a alínea a) do artigo 2034.º é obrigatoriamente comunicada ao Ministério Público para efeitos do disposto no número anterior* (artigo 2036/3.º CC).

Face ao carácter inovador das referidas propostas de lei, a iniciativa legislativa n.º 632/XII/3.ª, de 08 de julho de 2014, foi objeto de três pareces, de três instituições de enorme notoriedade e relevância jurídica, designadamente, o parecer da Ordem dos Advogados[243], o parecer do Conselho Superior da Magistratura[244] e o parecer do Conselho Superior do Ministério Público[245], os quais, aliás, primam pela diferença de apreciações.

Quanto ao parecer desfavorável emitido pela Ordem dos Advogados pode ler-se que a respetiva alteração legislativa incompatibilizar-se-ia com o atual regime da declaração de indignidade sucessória, uma vez que *o actual ordenamento jurídico parece não dispensar – pelo menos sem uma alteração simultânea do Código Civil que o Projecto de Lei em apreciação não preconiza – a instauração de uma acção judicial cível para efeitos de obtenção da declaração de indignidade,* como também iriam contra os princípios que informam o Código Penal e a Constituição da República Portuguesa, já que, mesmo que existisse essa alteração à lei civil, a declaração de indignidade sucessória por mero efeito de uma sentença penal não seria admissível à luz dos princípios que decorrem do Código Penal vigente e da Constituição da República Portuguesa. Neste sentido, salientam o

243 Parecer da Ordem dos Advogados, de 28 de julho de 2014 referente ao Projeto de Lei n.º 632/XII/3.ª (PS), 08 de julho de 2014, disponível em www.oa.pt.

244 Parecer do Conselho Superior da Magistratura, de 12 de setembro de 2014, referente ao Projeto de Lei n.º 632/XII/3.ª (PS), 08 de julho de 2014, disponível em www.parlamento.pt, que em muito se assemelha ao Parecer do Conselho Superior da Magistratura, Projeto de Lei n.º 653/XII/4.ª (PSD/CDS-PP) – "Altera o Código Penal e o Código Civil em matéria de indignidade sucessória"; e Projeto de Lei n.º 662/XII/4.ª (BE) – "Procede à alteração do Código Penal em matéria de indignidade sucessória", disponível em www.csm.org.pt.

245 Parecer do Conselho Superior do Ministério Público, de 12 de setembro de 2014, referente ao Projeto de Lei n.º 632/XII/3.ª (PS), 08 de julho de 2014, disponível em www.parlamento.pt.

disposto no número 4 do artigo 30.º CRP e o número 1 do artigo 65.º CP, os quais determinam que *nenhuma pena envolve como efeito necessário a perda de quaisquer direitos civis, profissionais ou políticos (...), pelo que, é inconstitucional a perda automática de direitos como consequência da condenação criminal*[246].

Como sabemos, a questão dos efeitos automáticos das penas com perda de direitos civis, profissionais ou políticos já foi, por várias vezes, objeto de decisão do Tribunal Constitucional. Contudo, parece-nos importante apreciar a temática e as respetivas decisões, por forma a retirar as conclusões daí resultantes, bem como as suas similitudes com a questão que ora nos prende.

Os casos em que o Digníssimo Tribunal Constitucional se pronunciou sobre a inconstitucionalidade[247], diziam respeito ao artigo 37/1.º do Código de Justiça Militar, o qual determinava que *a condenação de oficial ou sargento dos quadros permanentes ou de praças em situação equivalente por crime de ultraje à bandeira nacional, deserção, falsidade, infidelidade ao serviço, furto, roubo, prevaricação, corrupção, burla e abuso de confiança produz a demissão, qualquer que seja a pena imposta.* Para tal, fundamentaram que a sobredita norma violava o número 4 do artigo 30.º CRP, o qual pauta que *nenhuma pena envolve como efeito necessário a perda de quaisquer direitos civis, profissionais ou políticos.*

É defendido no Acórdão n.º 16/84, de 12 de maio de 1984, que *a nossa actual Constituição, partindo da dignidade da pessoa humana, (...) intentou, através do n.º*

4 do seu artigo 30.º, retirar às penas todo o carácter infamante e evitar que a atribuição de efeitos automáticos estigmatizantes perturbe a readaptação social do delinquente[248] [249]. Se assim não fosse e como aliás é defendido pela referida decisão, os princípios constitucionais basilares no âmbito penal,

[246] Parecer da Ordem dos Advogados, de 28 de julho de 2014 Projeto de Lei n.º 632/XII/3.ª (PS), 08 de julho de 2014disponível em www.oa.pt.

[247] Ac. TC n.º 16/84, de 12 de maio de 1984; Ac. TC n.º 127/84, de 12 de março de 1985, e Ac. TC n.º 310/85, de 11 de dezembro, disponíveis em www.dre.pt.

[248] Ac. TC n.º 16/84, de 12 de maio de 1984, disponível em www.dre.pt.

[249] *Na verdade, esse preceito constitucional (que foi acrescentado na revisão constitucional de 1982) veio dar resposta às objecções que soluções daquela natureza, tal como estavam protagonizadas especialmente no Código Penal de 1986, vinham de há muito a suscitar e que, concomitantemente, ganhavam corpo nos trabalhos preparatórios do novo Código Penal entretanto aprovado pelo Decreto-Lei n.º 400/82, de 23 de Setembro, conduzindo à abolição daquele regime (vejam-se as referências indicadas no Ac. TC*

entre os quais se destacam, o princípio da culpa, o princípio da necessidade da pena, o princípio da legalidade, o princípio da proporcionalidade, entre outros passíveis de elencar perderiam, integralmente, o seu sentido, uma vez que, *no caso das penalizações designadas por «efeitos de penas», não se respeitam tais princípios, visto que elas decorrem directa e automaticamente da lei*[250], não sendo, por isso, por um lado, avaliadas as circunstâncias concretas de cada comportamento típico e, por outro, pelo facto dos referidos efeitos não serem aplicadas através de uma decisão judicial, mas sim, por efeito *ope legis*.

Desta feita e, seguindo a linha de pensamento jurisprudencial dominante, o Tribunal Constitucional declarou, com força obrigatória geral, a inconstitucionalidade do artigo 37/1.º do Código de Justiça Militar, por clara e evidente contradição com o disposto no número 4 do artigo 30.º CRP (que, anteriormente analisámos).

Ora, é exatamente segundo esta jurisprudência que o parecer desfavorável da Ordem dos Advogados se fundamenta.

Já o parecer emitido pela Comissão Superior da Magistratura desconsidera (ou, pelo menos, parece desconsiderar) a questão levantada pela parte inicial do juízo antecedentemente analisado, pelo facto de tomar como certo (e bem!) que a declaração de indignidade sucessória apenas produz efeitos após ser decretada pelo Tribunal. Assertam a este respeito que, *o que parece faltar é a possibilidade de fazer operar a indignidade nos casos em que não há contra-interessados na herança que tomem a iniciativa de propor a acção.* E quase que em resposta ao parecer emitido pela Ordem dos Advogados, afirmam que *a expressão "pode"*[251] *é adequada. Para além de*

n.º 16/84, que versa uma espécie em tudo idêntica à que ora nos ocupa), Ac. TC n.º 127/84, de 12 de março de 1985, disponível em www.dre.pt.

250 Ac. TC n.º 127/84, de 12 de março de 1985, disponível em www.dre.pt.

251 Expressão não acompanhada pelo Projeto Lei n.º 662/XII/4.ª, o qual defendia a utilização da expressão "deve". Neste sentido, o parecer do Conselho Superior da Magistratura considerou que a aplicação de tal expressão era contrária ao número 4 do artigo 30.º CRP, *por não assentar em qualquer juízo de proporcionalidade na aplicação de uma tal medida*, Parecer do Conselho Superior da Magistratura, Projeto de Lei n.º 632/XII/3.ª (PS), 08 de julho de 2014, disponível em www.parlamento.pt, que em muito se assemelha ao Parecer do Conselho Superior da Magistratura, Projeto de Lei n.º 653/XII/4.ª (PSD/CDS-PP) – "Altera o Código Penal e o Código Civil em matéria de indignidade sucessória"; e Projeto de Lei n.º 662/XII/4.ª (BE) – "Procede à alteração do Código Penal em matéria de indignidade sucessória", disponível em www.csm.org.pt.

tornar claro que não se trata de uma consequência automática da aplicação da pena principal, remete para os pressupostos da indignidade no direito civil (como não poderia deixar de ser), ficando salvaguardado que o juiz só declarará a indignidade se para tanto dispuser de factos bastantes e, caso entenda não a declarar, deixa aberta a via da acção civil para o mesmo efeito[252]. E acrescenta que, *admite-se, agora, inovatoriamente, a possibilidade de, no âmbito da sentença penal condenatória, o juiz "poder" declarar aquilo que, na tradição anterior, apenas poderia ocorrer no âmbito de uma acção de natureza civil*[253].

Desta feita, é possível concluir (segundo o parecer do Conselho Superior da Magistratura[254]) que o artigo 69.º-A CP não contraria a norma constitucional disposta no número 4 do artigo 30.º CRP[255], uma vez que, por um lado, a norma não impõe uma consequência automática subjacente à condenação por homicídio por violência doméstica, isto porque, o que está em causa é a inovadora permissividade dada ao Tribunal criminal de, em sede de sentença condenatória e se estiver munido de factos bastantes para esse fim[256], decretar como pena acessória – e,

[252] Parecer do Conselho Superior da Magistratura, Projeto de Lei n.º 632/XII/3.ª (PS), 08 de julho de 2014, disponível em www.parlamento.pt, que em muito se assemelha ao Parecer do Conselho Superior da Magistratura, Projeto de Lei n.º 653/XII/4.ª (PSD/CDS-PP) – "Altera o Código Penal e o Código Civil em matéria de indignidade sucessória"; e Projeto de Lei n.º 662/XII/4.ª (BE) – "Procede à alteração do Código Penal em matéria de indignidade sucessória", disponível em www.csm.org.pt.

[253] Parecer do Conselho Superior da Magistratura, Projeto de Lei n.º 632/XII/3.ª (PS), 08 de julho de 2014, disponível em www.parlamento.pt, que em muito se assemelha ao Parecer do Conselho Superior da Magistratura, Projeto de Lei n.º 653/XII/4.ª (PSD/CDS-PP) – "Altera o Código Penal e o Código Civil em matéria de indignidade sucessória"; e Projeto de Lei n.º 662/XII/4.ª (BE) – "Procede à alteração do Código Penal em matéria de indignidade sucessória", disponível em www.csm.org.pt.

[254] Posição que acompanhamos na integra.

[255] Aliás, como é referenciado no parecer do Conselho Superior do Ministério Público, *a norma constitucional citada (art.º30.º.4) não proíbe que as penas consistam, elas mesmas, na perda de direitos. O que proíbe é que se acrescente à condenação, de forma automática, mecanicamente, por efeito directo da lei, uma outra pena daquela natureza (vide acórdãos do Tribunal Constitucional n.ºs 442/93 e 748/93)*, Parecer do Conselho Superior do Ministério Público, de 12 de setembro de 2014 referente ao Projeto de Lei n.º 632/XII/3.ª (PS), 08 de julho de 2014, disponível em www.parlamento.pt.

[256] Caso entenda não se encontrar munido de factos suficientes para decretar a declaração de indignidade sucessória ao herdeiro-condenado, *permanece aberta a via da acção cível para alcançar esse desiderato, sendo que, nesta situação, a condenação a que se refere a alínea a) do artigo 2034.º do Código Civil é obrigatoriamente comunicada ao Ministério Público para efeitos de intentar*

por isso, sujeito a juízo de culpa, necessidade e proporcionalidade[257] – a declaração de indignidade sucessória ao herdeiro-condenado[258]. *Solução que se prefigura justa e equilibrada, uma vez que a acção civil, para além do desdobramento de custos*[259]*, implica demoras e acaba por fazer revisitar acontecimentos dolorosos e violentos, com um rebate emocional previsivelmente intenso*[260]. Mas é possível, igualmente concluir, por outro lado, que as consequên-

a acção para declaração de indignidade, Parecer do Conselho Superior da Magistratura, Projeto de Lei n.º 632/XII/3.ª (PS), 08 de julho de 2014, disponível em www.parlamento.pt, que em muito se assemelha ao Parecer do Conselho Superior da Magistratura, Projeto de Lei n.º 653/XII/4.ª (PSD/CDS-PP) – "Altera o Código Penal e o Código Civil em matéria de indignidade sucessória"; e Projeto de Lei n.º 662/XII/4.ª (BE) – "Procede à alteração do Código Penal em matéria de indignidade sucessória", disponível em www.csm.org.pt.

257 Parecer do Conselho Superior do Ministério Público de 12 de setembro de 2014 referente ao Projeto de Lei n.º 632/XII/3.ª (PS), 08 de julho de 2014, disponível em www.parlamento.pt.

258 *Vide* conclusões do parecer do Conselho Superior da Magistratura, Projeto de Lei n.º 632/XII/3.ª (PS), 08 de julho de 2014, disponível em www.parlamento.pt, que em muito se assemelha ao Parecer do Conselho Superior da Magistratura, Projeto de Lei n.º 653/XII/4.ª (PSD/CDS-PP) – "Altera o Código Penal e o Código Civil em matéria de indignidade sucessória"; e Projeto de Lei n.º 662/XII/4.ª (BE) – "Procede à alteração do Código Penal em matéria de indignidade sucessória", disponível em www.csm.org.pt.

259 Esta questão é de extrema importância do ponto de vista jurídico-social e, em especial, do ponto de vista da justiça. Como sabemos, o crime de homicídio (crime aqui considerado) qualifica-se como um crime público, ou seja, para que se dê início ao processo criminal não é necessário apresentar queixa. Assim, ao não ser necessário apresentar queixa, o Ministério Público pode, ele próprio, intentar a ação no Tribunal e, desta forma, desonerar os familiares da vítima, no que diz respeito às custas processuais referentes ao crime de homicídio. Ora, antes da entrada em vigor da Lei n.º 82/2014, de 30 de dezembro, a qual veio a consagrar como número 3 do artigo 2036.º CC que *caso a indignidade sucessória não tenha sido declarada na sentença penal, a condenação a que se refere a alínea a) do artigo 2034.º é obrigatoriamente comunicada ao Ministério Público para efeitos do disposto no número anterior*, a pretensão da ação, que teria como finalidade, a declaração da indignidade sucessória ao herdeiro-condenado (neste caso, a homicídio de uma das pessoas constantes no artigo 2034.º CC), ficava a guardo, única e exclusivamente, dos contrainteressados que, por muitas vezes, não tinham possibilidades económicas para interpor uma ação que indignasse o herdeiro. Através da referida alteração, desonerou-se (e de que maneira) os familiares da vítima.

260 Parecer do Conselho Superior da Magistratura, Projeto de Lei n.º 632/XII/3.ª (PS), 08 de julho de 2014, disponível em www.parlamento.pt, que em muito se assemelha ao Parecer do Conselho Superior da Magistratura, Projeto de Lei n.º 653/XII/4.ª (PSD/CDS-PP) – "Altera o Código Penal e o Código Civil em matéria de indignidade sucessória"; e Projeto de Lei n.º 662/XII/4.ª (BE) – "Procede à alteração do Código Penal em matéria de indignidade sucessória", disponível em www.csm.org.pt.

cias subjacentes à aplicação da pena acessória de declaração de indignidade sucessória (oficiosa[261]) seguem os pressupostos do regime de indignidade sucessória do direito civil. Posição também defendida pelo parecer do Conselho Superior do Ministério Público, o qual asserta que é necessário não esquecer que a condenação penal de um arguido acarreta consequências autónomas no plano civil, pelo que, sendo ao arguido condenado, parece que nenhuma razão exista para que, em simultâneo, e, unicamente, a título de pena acessória, não possa ser declarado indigno de suceder à pessoa a quem tirou a vida[262].

Finalmente, importa mencionar a posição tomada pelo Ministério Público, no que diz respeito à consequente alteração do Código Civil. Neste âmbito, assertam que *não nos parece necessária a alteração simultânea do Código Civil, designadamente para compatibilização de normas, uma vez que a norma projectada apenas será aplicável nos casos em que não haja outros interessados na herança, enquanto o regime previsto no Código civil se continuará a aplicar às situações em que haja outros interessados na herança, não se esquecendo, igualmente, que o projecto refere, expressamente, que a sua aplicação se fará "sem prejuízo do disposto no artigo 2036.º do Código Civil.*

Ora, com todo o respeito, não partilhamos da mesma posição. A nosso ver, a referida alteração legislativa teve como objeto acrescentar uma possibilidade antes não concedida ao Tribunal. Assim, caso o Tribunal se encontre munido de factos bastantes para a decretação da indignidade sucessória do arguido poderá fazê-lo oficiosamente, havendo, ou não contrainteressados. O que a expressão "sem prejuízo do disposto no artigo 2036.º Código Civil" nos parece querer dizer, baseia-se tão-só no facto de, caso a sentença condenatória penal não decrete, como pena

261 Outra das alterações subjacente à alteração legislativa n.º 82/2014, de 30 de dezembro, que concede ao Tribunal a possibilidade de, oficiosamente, declarar a indignidade sucessória do herdeiro-condenado, sem necessitar, por isso, da volição/interesse dos contrainteressados. Também neste sentido, Parecer do Conselho Superior da Magistratura, Projeto de Lei n.º 632/XII/3.ª (PS), 08 de julho de 2014, disponível em www.parlamento.pt, que em muito se assemelha ao Parecer do Conselho Superior da Magistratura, Projeto de Lei n.º 653/XII/4.ª (PSD/CDS-PP) – "Altera o Código Penal e o Código Civil em matéria de indignidade sucessória"; e Projeto de Lei n.º 662/XII/4.ª (BE) – "Procede à alteração do Código Penal em matéria de indignidade sucessória", disponível em www.csm.org.pt.

262 Parecer do Conselho Superior do Ministério Público de 12 de setembro de 2014, referente ao Projeto de Lei n.º 632/XII/3.ª (PS), 08 de julho de 2014, disponível em www.parlamento.pt.

acessória, a declaração de indignidade sucessória do arguido, a referida condenação tem, obrigatoriamente, de ser comunicada ao Ministério Público, para que este intente uma ação por forma a que declaração a indignidade do herdeiro-condenado seja apreciada, caso se confirme, claro está, que o único herdeiro é o sucessor afetado pela indignidade[263].

Foi, portanto, neste contexto que se criou a pena acessória de declaração de indignidade sucessória, a qual passou a constar no Código Penal, designadamente, no artigo 69.º-A e se acrescentaram dois números ao artigo 2036.º CC. Desta feita, *a sentença que condenar autor ou cúmplice de crime de homicídio doloso, ainda que não consumado, contra o autor da sucessão ou contra o seu cônjuge, descendente, ascendente, adotante ou adotado, pode declarar a indignidade sucessória do condenado, nos termos e para os efeitos previstos na alínea a) do artigo 2034.º e no artigo 2037.º do Código Civil, sem prejuízo do disposto no artigo 2036.º do mesmo Código* (artigo 69.º-A CP). Tendo esclarecido ainda que *caso o único herdeiro seja o sucessor afetado pela indignidade, incumbe ao Ministério Público intentar a ação prevista no número anterior* (artigo 2036/2.º CC) e *caso a indignidade sucessória não tenha sido declarada na sentença penal, a condenação a que se refere a alínea a) do artigo 2034.º é obrigatoriamente comunicada ao Ministério Público para efeitos do disposto no número anterior* (artigo 2036/3.º CC).

2.5. Tomada de posição quanto à natureza da declaração de indignidade sucessória

Feito todo o enquadramento histórico-social, jurídico, doutrinal e jurisprudencial, resta-nos, agora, tomar posição quanto à natureza jurídica da declaração de indignidade sucessória disposta no artigo 69.º-A CP e, por conseguinte, determinar a relevância de uma potencial alteração legislativa, no âmbito civil e penal, por forma a enquadrar as conclusões até ao momento retiradas.

[263] Também assim entende o Ac. STJ, de 07 de novembro de 2019, Proc. n.º 139/18.6JAFUN.L1.S1, Relator: Júlio Pereira, o qual asserta que a Lei n.º 82/2014, de 30 de dezembro *deu nova redacção ao art.º 2036.º do Código Civil, incumbindo o Ministério Público de intentar a ação destinada a obter a declaração de indignidade no caso de o único herdeiro ser o sucessor por ela afetado ou quando, tendo havido a condenação a que se refere a alínea a) do artigo 2034.º, a sentença penal não tenha declarado a indignidade sucessória, sendo obrigatoriamente comunicada ao Ministério Público para o mencionado efeito.*

De forma a tornar a nossa orientação inteligível, julgamos conveniente, primeiramente excluir as possíveis qualificações da natureza jurídica da declaração de indignidade sucessória mencionada no enunciado normativo 69.º-A CP, fundamentando, claro está, os motivos pelos quais não concordamos com essas asserções e, por fim, determinar, qual para nós é a natureza mais adequada do instituto da declaração de indignidade sucessória.

Antes de qualquer asserção, importa esclarecer que, o regime da indignidade sucessória, que ora consideramos para efeitos de qualificação baseia-se, tão-só, no disposto no artigo 69.º-A CP[264]. Embora o regime a que nos referimos se encontre enquadrado no leque das penas acessórias, caracterizando-se assim, segundo o legislador, como uma pena acessória, cumpre averiguar esse enquadramento, face a todas as conclusões até ao momento retiradas.

Ora, face a tudo o que temos explicitado, é a nosso ver claro, que a declaração de indignidade sucessória não se qualifica como um efeito necessário e automático da pena. E isto porque, para que a declaração de indignidade sucessória seja, efetivamente, aplicada, é imprescindível a confirmação de certos pressupostos civis. Como tão bem esclarece o Professor Paulo Pinto de Albuquerque, *ela* [a pena acessória de declaração de indignidade sucessória] *depende da verificação dos pressupostos substantivos da lei civil*[265]. Não basta, portanto, a mera sentença condenatória de um dos crimes estipulados nas alíneas do enunciado normativo 2034.º CC, para que a declaração de indignidade sucessória se automatize na esfera do arguido. Para além de ser necessário que os pressupostos penais concretizadores do tipo se vislumbrem, é ainda imprescindível que, não só o agente, como também a situação concreta do caso, se enquadrem nos requisitos constantes no regime da indignidade sucessória. Assim, é necessário que o agente se qualifique como um dos sujeitos mencionados no artigo 2034.º CC e, bem assim, que a vítima se qualifique como o autor da herança, da qual o arguido seria herdeiro e,

[264] Uma vez que, a natureza jurídica da indignidade sucessória pautada no artigo 2034.º CC já foi esclarecida em pontos anteriores.

[265] Pinto de Albuquerque, Paulo, *Comentário do Código Penal* à *luz da Constituição da República e da Convenção Europeia dos Direitos do Homem*, Universidade Católica, Lisboa, 2015, 3.ª Edição, p. 105-106.

ainda que, a declaração de indignidade sucessória seja expressamente determinada pelo tribunal[266].

Aliás, o próprio enunciado normativo 69.º-A CP, esclarece, claramente, esta questão ao mencionar que *a sentença (:..) pode declarar a indignidade sucessória do condenado, nos termos e para os efeitos previstos na alínea a) do artigo 2034.º e no artigo 2037.º do CC, sem prejuízo do disposto no artigo 2036.º do mesmo Código.* Ora, ao determinar, clara e inequivocamente, que a sentença, segundo a qual se condene o arguido a um dos crimes previstos no artigo 2034.º CC "pode" declarar a indignidade sucessória do arguido-herdeiro, não quer se não dizer que ao Tribunal é dada uma possibilidade (e não mais do que isso) de, tendo em consideração os elementos de que dispõe, declarar a indignidade do arguido face à herança do sujeito passivo. É, portanto, uma faculdade, que anteriormente se encontrava apenas na esfera dos restantes herdeiros, que passou a constar do leque oficioso do Tribunal, o qual, apenas a empregará, caso, por um lado, se encontre munido de elementos suficientes para a referida decretação e, por outro, caso, após o juízo de ponderação de culpabilidade e proporcionalidade, o Tribunal considere adequado, necessário, proporcional e na medida da culpa do agente declará-lo indigno perante a herança da vítima.

Desta feita, ao qualificar-se a declaração de indignidade sucessória constante no enunciado normativo 69.º-A CP, como uma possibilidade (e não um dever ou uma obrigação resultante da condenação), nunca poderá ser vista e, muito menos qualificada como um efeito automático da pena/sentença.

Ora, se assim não fosse, para que a indignidade sucessória se qualificasse como um efeito automático da pena, bastaria que o arguido fosse condenado pelo cometimento de um dos ilícitos pautados no enunciado normativo 2034.º CC para que a sua indignidade perante a vítima se efetivasse imediatamente. Como é expectável e como, aliás, já o referimos, esta hipotética decorrência revelar-se-ia um verdadeiro atentado a vários princípios fundamentais que vigoram no nosso ordenamento.

Desde logo, o princípio disposto na norma constitucional 30/4.º CRP, o qual determina, expressamente, que *nenhuma pena envolve como efeito necessário a perda de quaisquer direitos civis, profissionais ou políticos,*

[266] Questão já esclarecida em pontos anteriores.

seria posto em causa, já que, bastaria, como já atrás o mencionamos, a condenação do agente pela prática de um dos crimes designados no artigo referente ao regime da indignidade sucessória e, claro está, que existisse, entre os sujeitos, um grau de parentesco de acordo com o estipulado na norma 2034.º CC, para que o arguido perdesse, sem qualquer juízo de ponderação, os direitos civis provenientes da herança da vítima. É, como sabemos, indefensável, tendo por fundamento os mais basilares princípios constitucionais e penais, a ideia segundo a qual do crime resulta uma consequência inegável e automática.

Outro dos princípios lesados desta automaticidade seria o princípio da proporcionalidade disposto no artigo 18/2.º CRP, através do qual é, expressamente estipulado que a lei não pode restringir direitos, liberdades e garantias para lá dos limites constitucionais, *devendo as restrições limitar-se ao necessário para salvaguardar outros direitos ou interesses constitucionalmente protegidos.* Quer-se com isto dizer que, qualquer norma e/ou sentença que não passe o crivo da proporcionalidade se encontra ferida de inconstitucionalidade, como seria o caso, evidentemente, da norma que automaticamente restringisse os direitos civis, nomeadamente, o direito de suceder, mesmo quando se tratasse de um potencial herdeiro-indigno. Não é possível, à luz do atual regime constitucional defender-se que, independentemente da gravidade e das circunstâncias caracterizadoras do crime decorresse um efeito injuntivo e automático da pena/sentença, sem se violar, inequivocamente, o princípio da proporcionalidade que, do ponto de vista lógico- jurídico representa, de forma inegável, o oposto da automaticidade, pelo que qualquer efeito automático da pena/sentença terá de se revelar, aos olhos da Constituição Portuguesa, refutado.

Ainda no que diz respeito aos princípios constitucionais que se lesionar-se-iam pela automaticidade da indignidade sucessória, importa não esquecer, o princípio da culpa. Já atrás esclarecemos que a medida concreta da pena aplicada deve refletir a culpa do delinquente, sendo, por essa razão, várias vezes afirmado que a culpa é o fundamento e o limite da pena. Ora, ao existir um efeito automático da pena, através da qual se determinasse a indignidade do herdeiro-arguido, sem qualquer juízo de culpa, violar-se-ia, o princípio da culpabilidade. Aliás, a culpa, nesse caso, revelar-se- ia irrelevante para a determinação da pena, uma vez que, bastaria o cometimento do crime e a sua respetiva condenação, de acordo com os requisitos constantes no artigo 2034.º CC e artigo 69.º-A CP, respetivamente, para indignar o arguido.

Aqui chegados, não temos como se não concluir que o enunciado normativo 69.º-A CP não se qualifica como um mero efeito automático da pena/sentença condenatória.

Resta-nos, portanto, verificar se a sanção disposta no artigo 69.º-A CP se qualifica como uma pena acessória a partir da qual resultam consequências jurídicas penais ou se, por outro lado, daí decorrem consequências jurídicas civis.

Como tão bem nos esclarecem os pareceres emitidos pelo Conselho Superior da Magistratura e pelo Conselho Superior do Ministério Público, respetivamente, no âmbito da alteração legislativa levada a cabo pelo Lei n.º 82/2014, de 30 de dezembro, a pena acessória consignada na norma 69.º-A CP, *remete para os pressupostos da indignidade no direito civil (como não poderia deixar de ser)*[267] não existindo qualquer dúvida que é necessário não esquecer que a condenação penal de um arguido acarreta *consequências autónomas no plano civil, pelo que, sendo o arguido condenado, parece que nenhuma razão exista para que, em simultâneo e, unicamente, a título de pena acessória, não possa ser declarado indigno de suceder* (...).[268]

Ademais, ao remeter os seus efeitos para o plano substantivo (civil, neste caso), a sanção mencionada no artigo 69.º-A CP não ficará sujeita aos critérios penais-constitucionais negativos inerentes às sanções penais e aos quais fizemos referência ulteriormente. Quer isto significar que a pena acessória de declaração de indignidade sucessória não viola, em nenhuma medida, o critério constitucional disposto no artigo 30/1.º CRP, o qual determina que, *não pode haver penas nem medidas de segurança privativas ou restritivas da liberdade com carácter perpétuo ou de duração ilimitada ou indefinida.* E isto porque, a declaração de indignidade sucessória remete as suas consequências para lei substantivo-civil, razão pela qual o enunciado normativo do qual emana a declaração de indignidade sucessória não determina, sequer, uma moldura penal.

[267] Parecer do Conselho Superior do Ministério Público, de 12 de setembro de 2014, referente ao Projeto de Lei n.º 632/XII/3.ª (PS), 08 de julho de 2014, disponível em www.parlamento.pt.

[268] Parecer do Conselho Superior do Ministério Público, de 12 de setembro de 2014, referente ao Projeto de Lei n.º 632/XII/3.ª (PS), 08 de julho de 2014, disponível em www.parlamento.pt.

Aliás, o que o artigo 69.º-A CP vem permitir, baseia-se tão só, como atrás referimos, no acrescento de outras duas possibilidades de declaração de indignidade sucessória. Nesta senda, antes da entrada em vigor da Lei n.º 82/2014, de 30 de dezembro, a indignidade sucessória apenas poderia ser decretada através de uma sentença cível[269], à qual antecedia, obrigatoriamente, uma sentença penal que condenasse o herdeiro num dos crimes determinados no artigo 2034.º CC. Quer isto declarar que teriam de existir duas sentenças condenatórias. Ora, com a entrada em vigor da Lei n.º 82/2014, de 30 de dezembro, viabilizaram-se outras duas possibilidades de decretação de indignidade, conforme se verifica pelo enunciado normativo 69.º-A CP, o qual pauta que, *a sentença que condenar autor ou cúmplice de crime de homicídio doloso, ainda que não consumado, contra o autor da sucessão ou contra o seu cônjuge, descendente, ascendente, adotante ou adotado, pode declarar a indignidade sucessória do condenado, nos termos e para os efeitos previstos na alínea a) do artigo 2034.º e no artigo 2037.º do Código Civil, sem prejuízo do disposto no artigo 2036.º do mesmo Código.* Ou seja, a declaração de indignidade sucessória pode desencadear-se de três formas: i) em sede de condenação criminal, através do enunciado normativo 69.º-A CP, caso o Tribunal considere, após um juízo ponderativo, ter fundamentos suficientes para decretar a pena acessória de declaração de indignidade sucessória; ii) por iniciativa do Ministério Público, nos termos do artigo 2036.º CC, no caso em que o único herdeiro da vítima é o arguido sujeito à indignidade (número 2 do artigo sobredito) ou iii) no caso em que a indignidade sucessória não foi decretada em sede de sentença penal e esteja em causa o crime disposto na alínea a) do artigo 2034.º CC (número 3 do artigo 2036.º CC) e, finalmente, através da iniciativa dos restantes herdeiros, conforme estipula o número 1 do artigo 2036.º CC.

Ademais, o artigo 69.º-A CP ao referir, expressamente, *nos termos e para os efeitos previstos na alínea a) do artigo 2034.º e no artigo 2037.º do Código Civil, sem prejuízo do disposto no artigo 2036.º do mesmo Código,* não quer mais se não esclarecer que os efeitos decorrentes da decretação da pena

[269] Ainda que alguns autores considerem que a declaração de indignidade sucessória disposta no artigo 2034.º CC se materialize automaticamente, isto é, sem recurso a uma decisão judicial, a maioria da doutrina defende que a declaração de indignidade sucessória só se concretiza após a sentença judicial que declare, expressamente, a indignidade do herdeiro-condenado.

acessória de declaração de indignidade sucessória se repercutem não na esfera penal, mas sim na esfera civil, devendo correr os mesmos trâmites que correria caso a declaração de indignidade sucessória fosse requerida em sede civil através da iniciativa dos restantes herdeiros.

Ora, através da criação da pena acessória de declaração de indignidade sucessória, não só se materializou o princípio da economia processual, visto que, em vez de duas sentenças, passa a ser apenas necessário uma (sempre, claro está, que o Tribunal se encontre munido de factos bastantes para decretar a indignidade e, após submeter a referida condenação a um juízo *ope judicis, s*egundo o qual, seja possível concluir que a declaração de indignidade sucessória se justifica) como, por outro lado, desonera a vítima ou os familiares da vítima tanto do ponto de vista psicológico, uma vez que teriam de reviver o caso tanto na sentença penal como na sentença civil, como do ponto de vista económico-financeiro. Esta questão é de extrema importância do ponto de vista jurídico-social e, em especial, do ponto de vista da justiça. Como sabemos, o crime de homicídio (crime aqui considerado) qualifica-se como um crime público, ou seja, para que se dê início ao processo criminal não é necessário apresentar queixa. Assim, ao não ser necessário apresentar queixa, o Ministério Público pode, ele próprio, intentar a ação no Tribunal e, desta forma, desonerar os familiares da vítima no que diz respeito às custas processuais referentes ao crime de homicídio. Ora, antes da entrada em vigor da Lei n.º 82/2014, de 30 de dezembro, a qual veio a consagrar como número 3 do artigo 2036.º CC que *caso a indignidade sucessória não tenha sido declarada na sentença penal, a condenação a que se refere a alínea a) do artigo 2034.º é obrigatoriamente comunicada ao Ministério Público para efeitos do disposto no número anterior*, a pretensão da ação, que teria como finalidade, a declaração da indignidade sucessória ao herdeiro-condenado (neste caso, a homicídio de uma das pessoas constantes no artigo 2034.º CC), ficava a guardo, única e exclusivamente, dos contrainteressados que, por muitas vezes, não tinham possibilidades económicas para instaurar uma ação que indignasse o herdeiro. Através da referida alteração, desonerou-se (e de que maneira) os familiares da vítima.

Finalmente, no que diz respeito ao princípio *ne bis in idem* e como, aliás, já atrás esclarecemos, para que o princípio disposto na norma constitucional 29/5.º seja lesado é necessário, *primo*, a existência de um duplo julgamento ou a aplicação de um dupla sanção e, consequente e cumulativamente, que as duas normas aplicadas ao agente se qualifiquem como punitivas ou *essencialmente punitivas*[270] [271].

Ora, a dificuldade em determinar o carácter *essencialmente punitivo* da sanção não se fundamenta, claro está, nas normas penais que, em regra, apresentam fins punitivos, mas sim, *discernir onde é que o legislador quis impor uma pena como consequência de um ilícito não formalmente criminal logrando assim uma dupla punição camuflada*[272], a qual lesa, na mesma medida que uma dupla sanção puramente criminal, o princípio *ne bis in idem.*

Vimos, ao analisar a natureza jurídica da indignidade sucessória, que a mesma se qualifica como uma clara sanção civil de cariz reparatório-punitivo (e não puramente punitivo, como aliás, se esclareceu em pontos prévios aos ora descritos), uma vez que, a sua finalidade reside na restauração e adjacente punição subjacente à vontade presumida do *de cujus,* alicerçada à reposição da ordem pública face à gravidade do ilícito

[270] Para que não incorramos em erros linguístico-jurídicos e, outrossim, em *duplas punições camufladas,* optou-se (no ordenamento jurídico português) por empregar a expressão "essencialmente punitiva" em detrimento da objetiva e clara expressão "punitiva", uma vez que, vários são os exemplos de normas que apresentam um carácter eclético, a partir do qual se podem retirar múltiplas finalidades, as quais (as não punitivas) nada influenciam a lesão do princípio *ne bis in idem,* o qual só será colocado em causa quando as duas normas aplicadas ao caso sigam o fim punitivo. Neste sentido, Ferreira Leite, Inês, *Ne (idem) bis in idem, A Proibição de Dupla Punição e de Duplo Julgamento como Contributo para a Racionalidade do Poder Punitivo Público,* Doutoramento em Direito Especialidade de Ciências Jurídico-Criminais, Universidade de Lisboa, Faculdade de Direito, Lisboa, 2014, p. 1047 ss.

[271] Neste sentido, Inês Ferreira Leite, ensina-nos que a via mais segura para determinar a natureza da sanção consubstancia-se na *identificação das finalidades prosseguidas, através de uma análise teleológica do regime associado à sanção em causa* (...). E acrescenta que *a sanção punitiva é constituída por dois elementos fundamentais: um elemento punitivo (aflitivo, que inclui a reprovação jurídico-social do facto) e um elemento preventivo-geral, através do qual são ponderadas as necessidades de reposição da ordem jurídica. Mas, acima de tudo, a vertente retributiva da sanção punitiva concretiza-se ainda numa terceira função de garantia, impondo o respeito pelo princípio da culpa (ou da pessoalidade da pena) e traçando assim um limite objetivo à prossecução de fins de prevenção geral e especial,* Ferreira Leite, Inês, *Ne (idem) bis in idem, A Proibição de Dupla Punição e de Duplo Julgamento como Contributo para a Racionalidade do Poder Punitivo Público,* Doutoramento em Direito Especialidade de Ciências Jurídico-Criminais, Universidade de Lisboa, Faculdade de Direito, Lisboa, 2014, p. 1047 ss.

[272] Ferreira Leite, Inês, *Ne (idem) bis in idem, A Proibição de Dupla Punição e de Duplo Julgamento como Contributo para a Racionalidade do Poder Punitivo Público,* Doutoramento em Direito Especialidade de Ciências Jurídico-Criminais, Universidade de Lisboa, Faculdade de Direito, Lisboa, 2014, p. 1056 ss.

cometido por parte do herdeiro indigno. *É a finalidade reparatória que suscita dúvidas na qualificação da indignidade sucessória como sanção essencialmente punitiva. E é certamente a finalidade reparatória que fundamenta a diversidade funcional a partir da qual se legitima a cumulação com a pena criminal, já que ambas exercem inegavelmente também uma função de reprovação ético-social.*

Quer, portanto, isto significar que antes da entrada em vigor da Lei n.º 82/2014, de 30 de dezembro, a condenação do arguido a um dos crimes dispostos no enunciado normativo 2034.º CC, em nada prejudicava a declaração da indignidade sucessória, uma vez que, a declaração de indignidade sucessória disposta no artigo 2034.º CC se qualifica como uma sanção mista de carácter reparatório-punitivo e porque os efeitos decorrentes da indignidade subjazem à condenação do arguido-indigno num dos crimes elencados no artigo sobredito. Por outras palavras, sem a condenação do arguido num dos crimes determinados no enunciado normativo 2034.º CC, a indignidade não se poderia materializar, uma vez que a condenação num dos crimes dispostos no artigo atrás mencionado, é um dos requisitos da declaração de indignidade[273].

Ora, a questão que se coloca é a de saber se o artigo 69.º-A CP pode representar uma violação do princípio *ne bis in idem*.

Em face a tudo o que temos esclarecido até ao momento, parece-nos claro que o enunciado normativo 69.º-A CP não viola o princípio *ne bis in idem*, uma vez que, como atrás referenciámos, a pena acessória constante do artigo 69.º-A CP remete os seus efeitos para o âmbito civil. Ora, ao remeter os seus efeitos para a lei substantiva, tudo o que atrás mencionámos no que diz respeito à sanção inerente à norma 2034.º CC, vale no contexto de aplicação do artigo 69.º-A CP.

2.6. Proposta de alteração legislativa

Ora, tendo o crime de Violência Doméstica ultrapassado os crivos do regime da indignidade sucessória, os quais se fundamentam na gravidade do ilícito cometido pelo herdeiro-indigno contra um dos sujeitos passivos dispostos no enunciado normativo 2034.º CC, como atrás referimos, não nos parece desadequando sugerir a alteração legislativa necessária para o seu efetivo enquadramento, a qual consubstanciar-se-ia no acréscimo de um número ao enunciado normativo 69.º-A CP, por forma

[273] A par da morte do *de cujus* e da relação de familiaridade.

a permitir que a sentença que condenasse como autor de violência doméstica contra as pessoas determinadas no artigo 2034.º CC, pudesse declarar a indignidade sucessória do condenado, nos termos e para os efeitos previstos do artigo 2034.º e do artigo 2037.º ambos do CC, sem prejuízo do disposto no artigo 2036.º CC e a alteração do atual número 4 do artigo 152.º CP, no qual passaria a constar, entre as atualmente consagradas, a declaração de indignidade sucessória nos termos do artigo 69.º-A CP.

Do ponto de vista civil as alterações resultariam no acréscimo de uma nova alínea no artigo 2034.º CC, a qual teria como objeto tipificar como causa suficiente para a declaração de indignidade sucessória os condenados como autores ou cúmplices do crime Violência Doméstica contra o autor da herança ou contra o seu cônjuge, descendente, ascendente, a qual deveria, a nosso ver, posicionar-se na alínea b), havendo por isso a respetiva alteração de alíneas nas restantes causas de indignidade sucessória; a apensação dessa referida alínea ao número 1 do artigo 2035.º CC e a respetiva alteração das alíneas referidas no número 1 do artigo 2036.º CC.

Nesta senda, importa apenas esclarecer que não nos parece adequado distinguir entre descendentes/ascendentes e adotados/adotantes, uma vez que ambos gozam dos mesmos direitos e garantias, questão que aliás, julgamos que deveria ter sido acautelada pela Lei n.º 82/2014, de 30 de dezembro.

Desta feita, propomos a seguinte alteração ao CC:

Artigo 2034.º CC (Incapacidade por indignidade)

Carecem de capacidade sucessória, por motivo de indignidade:

a) O condenado como autor ou cúmplice de homicídio doloso, ainda que não consumado, contra o autor da sucessão ou contra o seu cônjuge, descendente, ascendente;
b) O condenado como autor de violência doméstica contra as mesmas pessoas;
c) O condenado por denúncia caluniosa ou falso testemunho contra as mesmas pessoas, relativamente a crime a que corresponda pena de prisão superior a dois anos, qualquer que seja a sua natureza;
d) O que por meio de dolo ou coacção induziu o autor da sucessão a fazer, revogar ou modificar o testamento, ou disso o impediu;

e) O que dolosamente subtraiu, ocultou, inutilizou, falsificou ou suprimiu o testamento, antes ou depois da morte do autor da sucessão, ou se aproveitou de algum desses factos.

Artigo 2035.º CC (Momento da condenação e do crime)

1. A condenação a que se referem as alíneas a), b) e c) do artigo anterior pode ser posterior à abertura da sucessão, mas só o crime anterior releva para o efeito.

2. [...]

Artigo 2036.º CC (Declaração de indignidade)

1. [...]

2. [...]

3. Caso a indignidade sucessória não tenha sido declarada na sentença penal, a condenação a que se refere a alínea a) e b) do artigo 2034.º é obrigatoriamente comunicada ao Ministério Público para efeitos do disposto no número anterior.

No âmbito penal, propomos as seguintes alterações:

Artigo 69.º-A CP (Declaração de indignidade sucessória)

A sentença que condenar:

a) Autor ou cúmplice de crime de homicídio doloso, ainda que não consumado, contra o autor da sucessão ou contra o seu cônjuge, descendente, ascendente;
b) Autor ou cúmplice de crime de violência doméstica, contra as mesmas pessoas, pode declarar a indignidade sucessória do condenado, nos termos e para os efeitos previstos na alínea a) do artigo 2034.º e no artigo 2037.º do CC, sem prejuízo do disposto no artigo 2036.º do mesmo Código.

Artigo 152.º CP (Violência Doméstica)

1. [...]

2. [...]

3. [...]

4. Nos casos previstos nos números anteriores, podem ser aplicadas ao arguido as penas acessórias de proibição de contacto com a vítima e de proibição de uso e porte de armas, pelo período de seis meses a cinco

anos, de obrigação de frequência de programas específicos de prevenção da violência doméstica, bem como a declaração de indignidade sucessória.

5. [...]

6. [...]

É, a nosso ver, impreterível rever o regime da indignidade sucessória, por forma a enquadrar crimes que se revelam jurídico-socialmente relevantes, como é o caso, do crime de Violência Doméstica que se denomina, infelizmente, por um dos maiores flagelos da sociedade portuguesa.

Mais a mais, e como nos ensina o parecer do Conselho Superior do Ministério Público, no âmbito do Projeto Lei que deu lugar à Lei n.º 82/2014, de 30 de dezembro, *a sucessão hereditária possui um fundamento de ordem ética, qual seja, a afetividade real ou presumida do defunto ao herdeiro ou legatário. Tal afeição deve despertar e manter neste o sentimento de gratidão ou, pelo menos, o respeito à pessoa do de cujus. A rutura dessa afectividade mediante a prática de atos inequívocos de desapreço, reprovável ou até mesmo delituoso para com o autor da herança, torna o herdeiro ou legatário indigno de suceder nos bens hereditários. Pode-se afirmar que o instituto da indignidade tem inspiração num princípio de ordem ética, uma vez que é repugnável à consciência da sociedade que uma pessoa sucede a outra, extraindo vantagens de seu património, depois de ter cometido contra esta atos lesivos gravosos.*

Ora, ao não existir uma alteração legislativa na qual se insira o crime de Violência Doméstica como crime bastante para a decretação da indignidade sucessória, não se estará se não a assertar que a condenação por denúncia caluniosa ou falso testemunho representa, jurídico e socialmente, muito mais proeminência do que o crime de Violência Doméstica, o que não será, certamente, para a generalidade dos indivíduos, verdade.

CAPÍTULO IV
ENQUADRAMENTO SOBRE OUTROS (POSSÍVEIS) CRIMES SUJEITOS À DECLARAÇÃO DE INDIGNIDADE SUCESSÓRIA – BREVES CONSIDERAÇÕES

Em jeito de rampa de lançamento para futuros estudos e obras neste contexto, julgamos importante mencionar que, a nosso ver, a par do crime de Violência Doméstica, outros crimes de semelhante gravidade deveriam enquadrar o leque de causas de indignidade sucessória[274], entre os quais, destacamos, os crimes de natureza sexual e o crime de exposição ou abandono.

No que diz respeito aos crimes sexuais cumpre recordar, em traços gerais, o Ac. TRG, de 22 de janeiro de 2009, Proc. n.º 2612/08-1, Relator Rosa Tching, bem como o Ac. STJ, 07 de janeiro de 2010, Proc. n.º 104/07.9TBAMR.S1 Relator: Pires da Rosa.

Os referidos acórdãos, como em tempo oportuno mencionámos, incidem sobre um caso de abuso sexual de uma menor, praticado, durante vários anos, pelo seu pai, tendo (a jovem), aliás, fruto dos aludidos abusos sexuais, acabado por engravidar e, por imposição do agressor, abortar.

[274] Também neste sentido, o Conselho Superior do Ministério Público, no parecer emitido quanto ao Projeto Lei n.º 632/XII/3.ª, de 08 de julho de 2014 (...) *seria legítimo questionar uma profunda reflexão sobre se não será de ponderar pelo aditamento de novas causas para fundamentar essa mesma declaração de indignidade,* disponível em www.parlamento.pt.

Foi entendimento do Tribunal da Relação de Guimarães, contrariar o sentido da decisão de 1.ª Instância, que absolvia o arguido quanto à possível declaração de indignidade sucessória[275] [276] e, por conseguinte, indigná-lo com recurso à alínea b), do artigo 2034.º CC. Por considerar injustificável indignar o arguido tendo por base a alínea b) do artigo 2034.º CC, mas tendo consciência, da clara e evidente lacuna legislativa, o Supremo Tribunal de Justiça acabou por manter a decisão na sua *ratio*, alterando, contudo, os seus fundamentos, tendo, nesta senda, indignado o arguido com base no enunciado normativo 334.º CC, do qual emana a figura do abuso de direito.

Ora, como sabemos, os crimes sexuais encontram-se determinados nos artigos 163.º ss CP, enquadrando-se, portanto, no Capítulo V que apresenta como epígrafe "Dos crimes contra a liberdade e autodeterminação sexual".

É, a nosso ver, urgente, como aliás já o referimos, ampliar o leque de causas de indignidade sucessória dispostas no enunciado normativo 2034.º CC, por forma a ser possível ao Tribunal criminal, indignar o arguido, quando, claro está, o crime se encontre estipulado como causa bastante para declarar a indignidade sucessória, os sujeitos apresentem uma relação de familiaridade conforme pautado no artigo 2034.º CC e, evidentemente, o Tribunal se encontre munido de factos bastantes para decretar a indignidade do sujeito. Ademais, não compreendemos ser possível certos crimes de natureza sexual não se encontrarem enquadrados nas alíneas do artigo 2034.º CC, entre os quais destacamos, o crime de coação sexual (artigo 163.º CP), violação (artigo 164.º CP), abuso sexual de pessoa incapaz de resistência (artigo 165.º CP), abuso sexual de pessoa internada (artigo 166.º CP), lenocínio (artigo 169.º CP), abuso sexual de crianças (artigo 171.º CP), abuso sexual de menores dependentes (artigo 172.º CP), entre outros possíveis de mencionar.

[275] ESTEVES, João Lemos, *O Problema da Tipicidade das causas de Indignidade Sucessória e os Tribunais: Breve "Estudo de Caso* in AA. VV. Estudos em Homenagem ao Professor Doutor Carlos Pamplona Corte-Real, Coimbra, Almedina, 2016, pp. 97-113.

[276] Uma vez que, ao analisar o crime em causa e as causas de indignidade sucessória do artigo 2034.º CC, o Tribunal de 1.ª Instância considerou que o crime praticado pelo arguido não se encontrava abrangido por nenhuma das alíneas justificativas para a declaração de indignidade sucessória.

Tratam-se de crimes sexuais que, independentemente da forma como são praticados, caracterizam-se, sempre, pelo seu lado obsceno. Todavia, ao serem praticados por um familiar o grau de promiscuidade eleva-se a um nível indeterminável, sendo por isso, incompreensível aceitar que crimes de natureza sexual não se encontrem determinados como causas bastantes para indignar o herdeiro da possível herança do sujeito passivo, uma vez que, ultrapassam, e de que maneira, os três crivos caracterizantes da figura da indignidade sucessória, designadamente, a gravidade, a repugna social e a vontade presumida do *de cujus*.

No que concerne ao crime disposto no enunciado normativo 138.º CP, é de realçar, tendo em consideração o tema que ora nos debruçamos, o estipulado no número 2 do sobredito artigo, o qual determina que *se o facto for praticado por ascendente ou descendente, adoptante ou adoptado da vítima*[277]*, o agente é punido com pena de prisão de 2 a 5 anos.*

Esta agravação da moldura penal, resultante do cometimento do facto mencionado no número 1 do artigo 138.º CP, designadamente, *colocar em perigo a vida de outra pessoa: a) expondo-a em lugar que a sujeite a uma situação de que ela, só por si, não possa defender-se; ou b) abandonando-a sem defesa, sempre que ao agente coubesse o dever de a guardar, vigiar ou assistir,* por uma das pessoas dispostas no número 2 do artigo 138.º CP, não quer se não significar, que o legislador considerou que os sujeitos aí destacados apresentam um especial dever de cuidar ou como paradigmaticamente nos esclarece Manuel Sima Santos e Manuel Leal-Henriques, *a agravação da conduta em função da qualidade do agente* justifica-se *pela especial obrigação de não cometer o crime*[278].

Trata-se, portanto, de um crime que, quando praticado por um dos sujeitos mencionados no número 2 do enunciado normativo 138.º CP, ganha maior repulsa, razão pela qual, consideramos, salvo melhor opinião que, novamente, e a par do que atrás foi determinado para os crimes de cariz sexual e bem assim para o crime de Violência Doméstica, que o crime de exposição ou abandono agravado pela qualidade do agente ultrapassa os crivos da declaração de indignidade sucessória,

[277] Também aqui consideramos necessária uma alteração legislativa que elimine a referência aos adotantes e adotados, pelas mesmas razões que o defendemos atrás.

[278] Simas Santos Manuel e Leal-Henriques, Manuel, *Código Penal anotado art.º 1.º ao 69.º*, Vol. I, 4.ª Edição, Rei dos Livros, Lisboa, 2014, p. 224.

uma vez que, a nosso ver, a gravidade, a repugna social e a vontade presumida do autor encontram-se verificados para efeitos de cumprimento de pressupostos.

Terminadas as breves considerações quanto a estes dois crimes, cumpre-nos, apenas, reiterar a urgente necessidade de repensar o leque de causas de indignidade sucessórias explanadas no artigo 2034.º CC e, bem assim, o consequente aumento de crimes sujeitos à pena acessória disposta no enunciado normativo 69.º-A CP.

É, a nosso ver, imprescindível que o legislador se debruce perante os crimes atualmente vigorantes no Código Penal e aplique os critérios-base[279] caracterizadores das causas de indignidade sucessória, uma vez que, a correta aplicação dos referidos critérios seria suficiente para ampliar as causas de indignidade sucessória.

Desta feita e pelo bem da harmonia jurídico-social indispensável em qualquer ordenamento jurídico-democrático é urgente atualizar esta que é, a nosso ver, uma das maiores lacunas legislativas do sistema jurídico português.

[279] Isto é, a gravidade da conduta, a repugna social atribuída à referida conduta e a vontade presumida do *de cujus.*

CONCLUSÕES

Terminada a análise das várias interrogativas que nos trouxeram até aqui, chegou a hora de evidenciar as principais conclusões que retirámos ao longo da investigação.

Desde logo, e embora tenhamos verificado a diferença de visões quanto à temática do critério inerente às causas de indignidade sucessórias concluímos que o mesmo assenta na cumulação de três critérios basilares, designadamente, a gravidade do crime cometido contra o de cujus, a consciência e repugna social conferida à referida conduta-ilícita e a presumida vontade do autor da herança.

A par da dificuldade na denominação de um critério técnico para determinar as causas de indignidade sucessória, também a natureza jurídica do instituto da indignidade tem criado contrariedades na doutrina e na jurisprudência portuguesa.

Neste contexto, foi nosso entendimento que a qualificação dos institutos jurídicos não passa pela competência do legislador, pelo que desconsiderámos qualquer argumento que se prenda com o facto do legislador ter definido como epígrafe do artigo 2034.º CC *incapacidade por indignidade*, tendo chegado até à conclusão, através da análise histórica e teleológica que, muito provavelmente, o legislador tinha como intenção enquadrar o regime da indignidade sucessória nas ilegitimidades, já que, o princípio *indignus potest capere sed non retinere*, esclarecia que ainda que capaz de suceder à herança, o herdeiro indignado ficava impossibilitado de conservar os bens daí adjacentes, razão pela qual consideramos que o regime das indignidades sucessórias se qualifica como uma ilegitimidade.

No que concerne à análise do enunciado normativo 2034.º CC concluímos que todos os crimes pautados nos artigos 131.º ss CP se encontram, integralmente, enquadrados na alínea a) do artigo 2034.º CC. Isto porque ao ter presente a *ratio* do instituto da indignidade sucessória, o qual apresenta como objeto central a proteção da vontade presumida do *de cujus*, associada à gravidade do crime e à relevância social que lhe é imposta, não se vê razão para excluir do âmbito-aplicacional da alínea a) do artigo 2034.º CC, qualquer tipo de crime contra a vida. Ademais, concluímos que os crimes de ofensa à integridade física estão excluídos da abrangência da causa de indignidade disposta na alínea a) do artigo 2034.º CC. Primeiro, porque a letra da lei assim não o determina. É de fácil interpretação perceber que, onde se lê *o condenado como autor ou cúmplice de homicídio doloso, ainda que não consumado* fica sujeito ao regime da indignidade sucessória, não se lê o condenado a ofensas a integridade física. Segundo, porque se no Código de 1867 e, aliás, o próprio regime de indignidades romanas diferenciava a violência física (legalmente qualificada por ofensas à integridade física) do homicídio ou da tentativa de homicídio e se, tendo em consideração a natureza histórica das causas de indignidade, o legislador de 66 retirou essa possibilidade, não há senão que concluir que o legislador português, teve como objetivo claro retirar as ofensas à integridade física do leque das causas de indignidade sucessória. Finalmente, mesmo quem defende o recurso à analogia nas causas de indignidade sucessória, com recurso à ideia de que cabem nas causas de indignidade sucessória todos os crimes que, ao se compararem com os atualmente dispostos nas alíneas do artigo 2034.º CC, se revelem mais graves ou, pelo menos, tão graves, não podem, enquadrar o crime de ofensas à integridade física na alínea a) do artigo supracitado, por razões, absolutamente, evidentes.

Identicamente ao crime de ofensas à integridade física, ficam igualmente fora da moldura aplicacional da alínea a) do artigo 2034.º CC os artigos 135.º CP, artigo 137.º CP, artigo 140.º e artigo 141.º CP, uma vez que, nenhum dos crimes acima mencionados cumpre a *ratio* do enunciado normativo 2034.º CC que, como sabemos, baseia-se na cumulação de três critérios fundamentais. Ora, ao analisar os critérios inerentes ao regime concluímos que, ainda que o critério da gravidade possa estar preenchido, uma vez que, tanto o bem jurídico em causa, como o resultado do homicídio (ou tentativa) coincidam com o dos crimes sobreditos, julgamos que o critério da repugna da consciência social e da vontade presumida do autor não se encontram preenchidos.

Finalmente, foi também por nós concluído que é verdadeiramente necessário ver-se cumprida uma especial perversidade na conduta do agente e que a mesma reflita uma certa reluta social para que se qualifique como uma causa de indignidade, pelo que todos os crimes de homicídio em que se verifique a exclusão da ilicitude ou da culpa, bem como a inimputabilidade do agente ficam de fora do âmbito.

Já no que diz respeito à alínea b) do artigo 2034.º CC parece-nos difícil defender que a alínea b) do artigo 2034.º CC se reconduz à proteção da honra do autor da herança e dos seus familiares mais próximos, contudo, não nos surpreende a interpretação extensiva – e não analógica – da alínea b) do artigo 2034.º CC, de modo a enquadrar o direito à honra *lato sensu* no leque das causas de indignidade sucessória. Ainda assim, não poderíamos deixar de referir que, a nosso ver, a alínea b) tem servido de manobra para fazer face às constantes e visíveis lacunas do regime da indignidade sucessória. Prova disso mesmo, é a utilização da alínea b) como meio para a justa decisão de casos, à partida, excluídos do âmbito das causas de indignidade.

Ora, pela análise feita quanto às alíneas mais controversas do artigo 2034.º CC é já expectável o nosso entendimento quanto ao carácter taxativo do referido artigo. Desde logo porque ao distinguir o instituto da indignidade do instituto da deserdação, o legislador diferenciou clara e inequivocamente os titulares de legitimidade para excluir um herdeiro da herança para que não existisse um aproveitamento dessa legitimidade, tendo, para tal, sido necessário designar, taxativa e expressamente, os crimes sujeitos ao regime da indignidade sucessória. Ademais, enquanto no instituto da deserdação criou uma cláusula aberta, que permite ao autor da herança deserdar os seus herdeiros com uma maior facilidade, no regime das indignidades sucessórias não existe nenhuma alínea que permita essa liberdade. Como se não bastasse, ainda esclarecemos que as normas excecionais não se encontram sujeitas à analogia, uma vez que, a exceção é isso mesmo, uma exceção. Posto isto e tendo em consideração que o regime da indignidade sucessória se caracteriza por uma exceção ao regime da deserdação que se revela e sempre revelou (e revelará) a regra, não há que não se concluir que a analogia não é permitida no regime das indignidades sucessórias, pelo que, se conclui que o artigo 2034.º é taxativo e não meramente indicativo.

Ultrapassadas as questões civis, partimos para a análise do crime de Violência Doméstica, tendo, neste ponto, concluído que o bem jurídico em causa se distingue pelo seu carácter complexo e plural, face ao facto de proteger vários tipos de bens jurídicos, os quais, se unificam num só bem jurídico, a saúde.

Já no que à natureza do bem jurídico do crime da violência doméstica diz respeito, cumpre esclarecer que, ainda que tivéssemos conhecimento da dicotomia entre quem defende que se trata de um crime de perigo abstrato e quem considera que estamos mediante um crime de dano, nenhuma das teorias nos convenceu. Isto porque, a nosso ver, o crime de violência doméstica qualifica-se por um crime de perigo abstrato-concreto, uma vez que, o que está em causa é a possibilidade do comportamento típico causar perigo – não sendo, todavia, necessária à sua verificação para o correto preenchimento do tipo. Porém, ao considerar o crime de violência doméstica um crime de perigo abstrato-concreto admite-se a supressão da presunção do perigo, expondo que a conduta prosseguida pelo agente é insuscetível de causar, naquele caso em concreto, perigo. Desta forma, ainda que a conduta típica para causar perigo ao bem jurídico se materialize, o agente pode ilidir a presunção (*iures tantum*) e provar que o comportamento por si prosseguido é irrelevante jurídico- penalmente. Quer isto significar que o agente teria a faculdade de demonstrar que, naquele caso em concreto, o perigo presumido não era concretizável.

Aqui chegados, restava-nos apenas responder à pergunta central do nosso estudo, ou seja, se o crime de violência podia, tendo em consideração os requisitos já atrás mencionados, integrar-se, através de um aditamento, nas causas de indignidades sucessórias.

Por forma a responder à referida questão começámos por analisar os critérios estruturais do regime das indignidades sucessórias. No que diz respeito ao critério da gravidade da conduta, não haverá, certamente, quem considere o crime de Violência Doméstica um crime de pequena gravidade. Quanto ao segundo critério – a consciência social –, bem sabemos que o crime de Violência Doméstica tem ganho cada vez mais importância no nosso ordenamento jurídico e, em especial, na nossa Sociedade, pelo que também considerámos que o critério se encontra preenchido. Finalmente, quanto ao último critério, que se consubstancia na vontade presumida do *de cujus*, não nos parece defensável acreditar que o *de cujus*, vítima de Violência Doméstica ou sabendo que um dos seus familiares mais próximos, designadamente, os constantes no artigo 2034.º CC, sofriam de maus tratos domésticos, pretendesse que o herdeiro-agressor pudesse adquiri os bens provenientes da herança.

Ora, tendo o crime de Violência Doméstica ultrapassado os crivos do regime da indignidade sucessória não nos parece desadequando sugerir a alteração legislativa necessária para o seu efetivo enquadramento. Bastava-nos portanto determinar, do ponto de vista penal, a natureza da penalização subjacente à declaração de indignidade sucessória pelo cometimento do crime de Violência Doméstica. Para tal, analisámos as teorias dos fins das penas, distinguimos o conceito de sanção civil de sanção penal, bem como o conceito de penas acessórias e meros efeitos e/ou consequências penais, analisámos os critérios estruturantes das penas acessórias, de forma a verificar se a indignidade sucessória por violência doméstica poderia concretizar-se numa pena acessória à luz dos princípios penais e constitucionais existentes no nosso ordenamento jurídico e, por fim, discutimos a Lei n.º 82/2014, de 30 de dezembro e chegámos à conclusão que efetivamente o crime de violência doméstica cumpre todos os requisitos (civis, penais e constitucionais) para integrar o leque de causas de indignidade sucessória e, bem assim, concretizar-se numa pena acessória de indignidade sucessória, dado que se trata de um efeito substantivo civil que se qualifica por situações reguladas, do ponto de vista disciplinar ou sancionatório, num ramo de direito distinto do direito civil, mas em que os efeitos daí decorrentes seguem as premissas civis. Ora, ao tratar-se de um efeito substantivo, a pena acessória de indignidade sucessória não viola os princípios que tutelam que as penas não podem revelar-se fixas, autónomas ou perpétuas.

Posto isto, propomos uma alteração legislativa que cubra as premissas defendidas até então, ou seja, que possibilite a integração do crime de violência doméstica no leque de causas de indignidade sucessória, permitindo, desta forma, que o herdeiro- condenado pelo cometimento do crime disposto no artigo 152.º CP seja, caso o Tribunal se encontre munido de factos bastantes, declarado indigno de suceder, através da aposição de uma pena acessória.

É urgente que se reflita sobre o tema e que, principalmente, se tomem medidas concretas para que as vitimas de Violência Doméstica se sintam protegidas pela legislação portuguesa, porque a violência doméstica não é espuma no mar do direito penal, a violência doméstica é sim um tsunami que inundou a sociedade portuguesa e que nos tem destruído os mais elementares conceitos de família.

BIBLIOGRAFIA

Alves Cardiga, C. M. (2018). A Indignidade e a Deserdação: Uma Perspetiva Séc. XXI. p. 14.

Atas das Sessões da Comissão Revisora do Código Penal, Parte Especial. (1979). AAFDL.

Beccaria, C. (2014). Dos Delitos e Das Penas. Lisboa: Fundação Calouste Gulbenkian.

Beleza dos Santos, J. (1968). Ensaio sobre a Introdução ao Direito Criminal. Coimbra: Atlântica.

Brandão, N. (2010). A Tutela Penal Especial Reforçada da Violência Doméstica. (n.º 12 (especial)). Lisboa: JULGAR. Obtido de www.julgar.pt

Capelo de Sousa, R. (1978). Lições de Direito das Sucessões. Coimbra: Coimbra Editora.

Capelo de Sousa, R. (1990). Lições de Direito das Sucessões. Coimbra: Coimbra Editora.

Capelo de Sousa, R. (1995). O Direito Geral da Personalidade. Coimbra: Coimbra Editora.

Casimiro Nunes, C., & Mota, M. R. (2010). O crime de violência doméstica: a al. b) do n.º 1 do art. 152.º do Código Penal. Lisboa: Revista do Ministério Público.

Correia, E. (2016). Direito Criminal. Coimbra: Almedina.

Costa Andrade, M. (1991). Consentimento e Acordo em Direito Penal. Coimbra: Coimbra Editora.

Diário da Assembleia da República, 1.ª Série, n.º 4. (2014 de setembro de 25). Lisboa. Obtido de www.parlamento.pt.

Dias, I. (2010). Violência doméstica e justiça: respostas e desafios. *Revista do Departamento de Sociologia da FEUP, XX*, 245-262. Obtido de https://ler.letras.up.pt/.

Eletrónico, D. d. (s.d.). Noção de legitimidade. Lisboa. Obtido de https://dre.pt/lexionario.

Exposição de Motivos da Proposta de Lei n.º 98/X. (s.d.). Obtido de www.parlamento.pt.

Feitor, S. (2012). Análise crítica do crime de violência doméstica. Lisboa. Obtido de www.fd.unl.pt.

Fernandes, C. (abril de 2016). Violência Doméstica, implicações sociológicas, psicológicas e jurídicas do fenómeno. (P. Guerra, & L. Gago, Edits.) pp. 86-87. Obtido de www.cej.mj.pt.

Ferreira Leite, I. (2014). Ne (idem) bis in idem, A Proibição de Dupla Punição e de Duplo Julgamento como Contributo para a Racionalidade do Poder Punitivo. Lisboa.

Figueiredo Dias, J. (1993). Direito Penal Português, As Consequências Jurídicas do Crime. Coimbra: Coimbra Editora.

Figueiredo Dias, J. (2007). Direito Penal, Parte Geral, Questões Fundamentais, A Doutrina Geral dos Crimes. Coimbra: Coimbra Editora.

Galvão Telles, I. (1991). Do Direito das Sucessões – Noções fundamentais. Coimbra: Coimbra Editora.

Guimarães, A. D. (22 de janeiro de 2009). Proc. n.º 2612/08-1. Obtido de https://www.dgsi.pt.

Herder, H. (1959). *Ideas para una filosofía de la historia de la humanidad*. (J. R. Armengol, Trad.) Buenos Aires: Losada.

Hermes Leal, B. (2013). A Indignidade Sucessória através dos olhos de Cordélia: Ensaio sobre o caráter taxativo do artigo 1.814 do Código Civil Brasileiro. Brasil: Revista AJURIS.

João, L. E. (2016). O Problema da Tipicidade das causas de Indignidade Sucessória e os Tribunais: Breve "Estudo de Caso", Estudos em Homenagem ao Professor Doutor Carlos Pamplona Corte-Real. Coimbra: Almedina.

Lamas Leite, A. (2010). A violência relacional íntima: reflexões cruzadas entre o direito e a criminologia. *JULGAR* (n.º 12 (especial)), 2-66.

Lei n.º 65/98, de 2 de setembro. (s.d.). Obtido de www.pgdlisboa.pt.

Leite de Campos, D. (2012). Lições de Direito da Família e das Sucessões. Almedina.

Marques da Silva, G. (2001). Direito Penal Português, Parte Geral, I, Introdução e Teoria da Lei Penal. Lisboa: VERBO.

Marques da Silva, G. (2005). Direito Penal Português, Parte Geral, Teoria do Crime. Lisboa: VERBO.

Marques da Silva, G. (2015). Direito Penal Português, Teoria do Crime. Lisboa: Universidade Católica.

Martins Vaz, F. d. (2015). Indignidade Sucessória e Deserdação: Fundamentos Para Uma Alteração Legislativa. p. 31.

Minozzo Poletto, C. E. (2017). Indignidade Sucessória e Deserdação. Brasil: Saraiva.

Neves Simões, S. (março de 2015). O Crime de Violência Doméstica, Aspetos Materiais e Processuais. p. 5.

Oliveira Ascensão, J. (1969). As Actuais Coordenadas do Instituto da Indignidade Sucessória. *O Direito*, 17.

Oliveira Ascensão, J. (1999). Direito Civil, Sucessões. Coimbra: Coimbra Editora.

Pais de Vasconcelos, P. (2006). Direito de Personalidade. Lisboa: Almedina. Pais de Vasconcelos, P. (2009). Contratos Atípicos. Lisboa: Almedina.

Palma, M. F. (2015). Direito Penal Parte Geral, A teoria geral da infração como teoria da decisão penal. Lisboa: AAFDL.

Palma, M. F. (2016). Direito Penal, Conceito material de crime, princípios e fundamentos, Princípio da legalidade: interpretação da lei penal e aplicação da lei penal no tempo. Lisboa: AAFDL.

Pamplona Corte-Real, C. (2012). Curso de Direito das Sucessões. Lisboa: Quid Juris.

Parecer do Conselho Superior da Magistratura, de 23 de outubro de 2014, referente ao Projeto de Lei n.º 653/XII/4.ª (PSD/CDS-PP) e Projeto de Lei n.º 662/XII/4.ª (BE). (s.d.). Obtido de www.parlamento.pt.

Parecer do Conselho Superior do Ministério Público, de 12 de setembro de 2014, referente ao Projeto de Lei n.º 632/XII/3.ª PS. (s.d.). Obtido de www.parlamento.pt

Patrício, R. (1999). Crimes de Perigo (Breves notas, a propósito do Ac. TRL de 21 de Abril de 1999), p. 2.

Pereira, R. C. (1995). O dolo do perigo (contribuição para a dogmática da imputação subjectiva nos crimes de perigo concreto). Lisboa: LEX.

Pinto de Albuquerque, P. (2010). Comentário do Código Penal à luz da Constituição da República e da Convenção Europeia dos Direitos do Homem. Lisboa: Universidade Católica Editora.

Pinto de Albuquerque, P. (2015). Comentário Conimbricense do Código Penal à luz da Constituição da República Portuguesa e da Convenção Europeia dos Direitos do Homem. Lisboa: Universidade Católica.

Pizarro Beleza, T. (1989). Maus tratos conjugais: art.º 153, n.º 3 do Código Penal. Lisboa: AAFDL.

Pizarro Beleza, T. (2000). Direito Penal. Lisboa: AAFDL.

Projeto de Lei n.º 632/XII/3.ª, 08 de julho de 2014. (s.d.). Obtido de www.parlamento.pt Projeto de Lei n.º 653/XII/4.ª, de 19 de setembro de 2014. (s.d.). Obtido de www.parlamento.pt.

Projeto de Lei n.º 662/XII/4.ª de 19 de setembro de 2014. (s.d.). Obtido de www.parlamento.pt.

Público, P. d. (2014). Projeto de Lei n.º 632/XII/3.ª (PS). Lisboa. Obtido de https://www.parlamento.pt.

Reis Bravo, J. (2005). A actuação do Ministério Público no âmbito da Violência Doméstica. *Revista do Ministério Público*(102), 45-77.

Roxin, C. (1983). Acerca da Problemática da Culpa. Coimbra: Boletim da Faculdade de Direito da Universidade de Coimbra.

Roxin, C. (2002). Problemas Fundamentais de Direito Penal. Em M. d. Valdágua (Ed.). Lisboa: Vega.

Sá Gomes, C. (2004). O crime de maus tratos físicos e psíquicos infligidos ao cônjuge ou ao convivente em condições análogas às dos cônjuges. Lisboa: AAFDL Editora.

Santos Justo, A. (2016). A Indignidade Sucessória no Direito Romano, Reflexos no Direito Português. p. 8.

Santos Justo, A. (2017). *Interpretatio Prudentium, direito romano e tradição romanista em revista* (Vol. II). Lisboa: AAFDL.

Silva Dias, A. (2007). Materiais para o estudo da Parte Especial do Direito Penal, Crimes contra a vida e integridade física. Lisboa: AAFDL Editora.

Simas Santos, M., & Leal-Henriques, M. (2014). Código Penal anotado art.º 1.º ao 69.º. Lisboa: Rei dos Livros.

Susano, H. (abril de 2016). Violência Doméstica, implicações sociológicas, psicológicas e jurídicas do fenómeno. (P. Guerra, & L. Gago, Edits.) pp. 107-114.

Taipa de Carvalho, A. (1999). Código Penal Parte Especial. Coimbra: Coimbra Editora.

Taipa de Carvalho, A. (2012). Comentário Conimbricense do Código Penal, Parte Especial, artigos 131.º a 201.º. Em F. DIAS (Ed.). Coimbra: Coimbra Editora.

Trigo da Romana, M. L. (2016). O atual regime da indignidade sucessória. p. 16.

VARELA, P. D. (1962). Noções fundamentais de Direito Civil. Coimbra: Coimbra Editora.

VAZ PATTO, P. (2011). Os Fins das Penas e a Prática Judiciária - algumas questões. *Jornadas de Direito Penal e Processual Penal, ação de formação do Conselho Superior da Magistratura*, (p. 14). Albufeira. Obtido de www.tre.mj.pt

VICENTE CERNICCHIARO, L., & Paulo, J. D. (1995). Direito Penal da Constituição. São Paulo, Brasil: Revista dos Tribunais.

JURISPRUDÊNCIA

Acórdão do Supremo Tribunal de Justiça. (30 de setembro de 2008). Proc. n.º 08A2452. Em F. Ramos. Obtido de http://www.dgsi.pt

Acórdão do Supremo Tribunal de Justiça, 30 de setembro de 2008, Proc. n.º 08A2452, Relator: Fonseca Ramos. (s.d.). Obtido de www.dgsi.pt

Acórdão do Supremo Tribunal de Justiça, 5 de novembro de 2018, Proc. n.º 08P2504, Relator: Maia Costa. (s.d.). Obtido de www.dgsi.pt

Acórdão do Supremo Tribunal de Justiça, de 07 de janeiro de 2010, Proc. n.º 104/07.9TBAMR.S1, Relator: Pires da Rosa. (s.d.).

Acórdão do Supremo Tribunal de Justiça, de 07 de novembro de 2019, Proc. n.º 139/18.6JAFUN.L1.S1, Relator: Júlio Pereira. (s.d.). Obtido de www.dgsi.pt

Acórdão do Supremo Tribunal de Justiça, de 13 de novembro de 2014, Proc. n.º 249/11.0PECBR.C1.S1, Relator: Helena Moniz. (s.d.). Obtido de www.dgsi.pt

Acórdão do Supremo Tribunal de Justiça, de 28 de setembro de 2005, Proc. n.º 05P1831, Relator: Henriques Gaspar. (s.d.). Obtido de www.dgsi.pt

Acórdão do Tribunal Constitucional n.º 1/2001, 08 de fevereiro de 2001. (s.d.). Obtido de www.dre.pt

Acórdão do Tribunal Constitucional n.º 127/84, de 12 de março de 1985. (s.d.). Obtido de www.dre.pt

Acórdão do Tribunal Constitucional n.º 16/84, de 12 de maio de 1984. (s.d.). Obtido de www.dre.pt

Acórdão do Tribunal Constitucional n.º 274/90, 20 de fevereiro de 1991. (s.d.). Obtido de www.dre.pt

Acórdão do Tribunal Constitucional n.º 282/86, de 11 de novembro de 2001. (s.d.). Obtido de www.dre.pt

Acórdão do Tribunal Constitucional n.º 284/89, 12 de junho de 1989. (s.d.). Obtido de www.dre.pt

Acórdão do Tribunal Constitucional n.º 310/85, de 11 de dezembro. (s.d.). Obtido de www.dre.pt

Acórdão do Tribunal Constitucional n.º 95/2001, 13 de março de 2001. (s.d.). Obtido de www.dre.pt

Acórdão do Tribunal da Relação de Coimbra, de 08 de maio de 2019, Proc. n.º 302/16.4GAMGL.C1, Relator: Alcina da Costa Ribeiro. (s.d.). Obtido de www.dgsi.pt

Acórdão do Tribunal da Relação de Coimbra, de 10 de julho de 2018, Proc. n.º 244/1.6T9CTB.C1, Relator: Inácio Monteiro. (s.d.). Obtido de www.dgsi.pt

Acórdão do Tribunal da Relação de Coimbra, de 20 de janeiro de 2016, Proc. n.º 835/13.4GCLRA.C1, Relator: Alice Santos. (s.d.). Obtido de www.dgsi.pt

Acórdão do Tribunal da Relação de Coimbra, de 24 de abril de 2012, Proc. n.º 632/10.9PBAVR.C1, Relator: Orlando Gonçalves. (s.d.). Obtido de www.dgsi.pt

Acórdão do Tribunal da Relação de Coimbra, de 7 de fevereiro de 2018, Proc. n.º 663/16.5PBCTB.C1, Relator: Brízida Martins. (s.d.). Obtido de www.dgsi.pt

Acórdão do Tribunal da Relação de Évora de 9 de junho de 2017, Proc. n.º 426/07-1, Relator: António João Latas. (s.d.). Obtido de www.dgsi.pt.

Acórdão do Tribunal da Relação de Évora, de 26 de julho de 2018, Proc. n.º 9/17.5GBABF.E1, Relator: Maria Isabel Duarte. (s.d.). Obtido de www.dgsi.pt

Acórdão do Tribunal da Relação de Guimarães, de 10 de janeiro de 2005, Proc. n.º 1682/04-2, Relator Anselmo Lopes. (s.d.). Obtido de www.dgsi.pt

Acórdão do Tribunal da Relação de Guimarães, de 22 de janeiro de 2009, Relator Rosa Tching. (s.d.). Obtido de www.dgsi.pt

Acórdão do Tribunal da Relação de Lisboa, de 17 de abril de 2013, Proc. n.º 790/09.5GDALM.L1-3, Relator: Maria da Graça Santos Silva. (s.d.). Obtido de www.dgsi.pt

Acórdão do Tribunal da Relação de Lisboa, de 31 de maio de 2016, Proc. n.º 249/14.9PAPTS.L1-5, Relator: Filipa Macedo. (s.d.). Obtido de www.dgsi.pt

Processo n.º 2167/10.0PAVNG.P1, Relator: Coelho Vieira. (s.d.). Obtido de www.dgsi.pt

Acórdão do Tribunal da Relação do Porto, de 09 de março de 2016, Processo n.º 11744/13.7TDPRT.P1, Relator: Jorge Langweg. (s.d.). Obtido de www.dgsi.pt

Acórdão do Tribunal da Relação do Porto, de 12 de outubro de 2016, Proc. n.º 2255/15.7T9PRT.P1, Relator: José Carreto. (s.d.). Obtido de www.dgsi.pt

Acórdão do Tribunal da Relação do Porto, de 24 de janeiro de 2018, Proc. n.º 4214/15.0T9MAI.P1, Relator Eduarda Lobo. (s.d.). Obtido de www.dgsi.pt

Acórdão do Tribunal da Relação do Porto, de 28 de abril de 2010, Proc. n.º 13/07.1GACTB.C1, Relator: Alberto Mira. (s.d.). Obtido de www.dgsi.pt

Acórdão do Tribunal da Relação do Porto, de 29 de fevereiro de 2012, Proc. n.º 368/09.3PQPRT.P1, Relator: Joaquim Gomes. (s.d.). Obtido de www.dgsi.pt

Acórdão do Tribunal da Relação do Porto, de 06 de fevereiro de 2013, Proc. n.º 91/14.7PCMTS.P1, Proc. n.º 2167/10.0PAVNG.P1, Relator: Coelho Vieira. (s.d.). Obtido de www.dgsi.pt